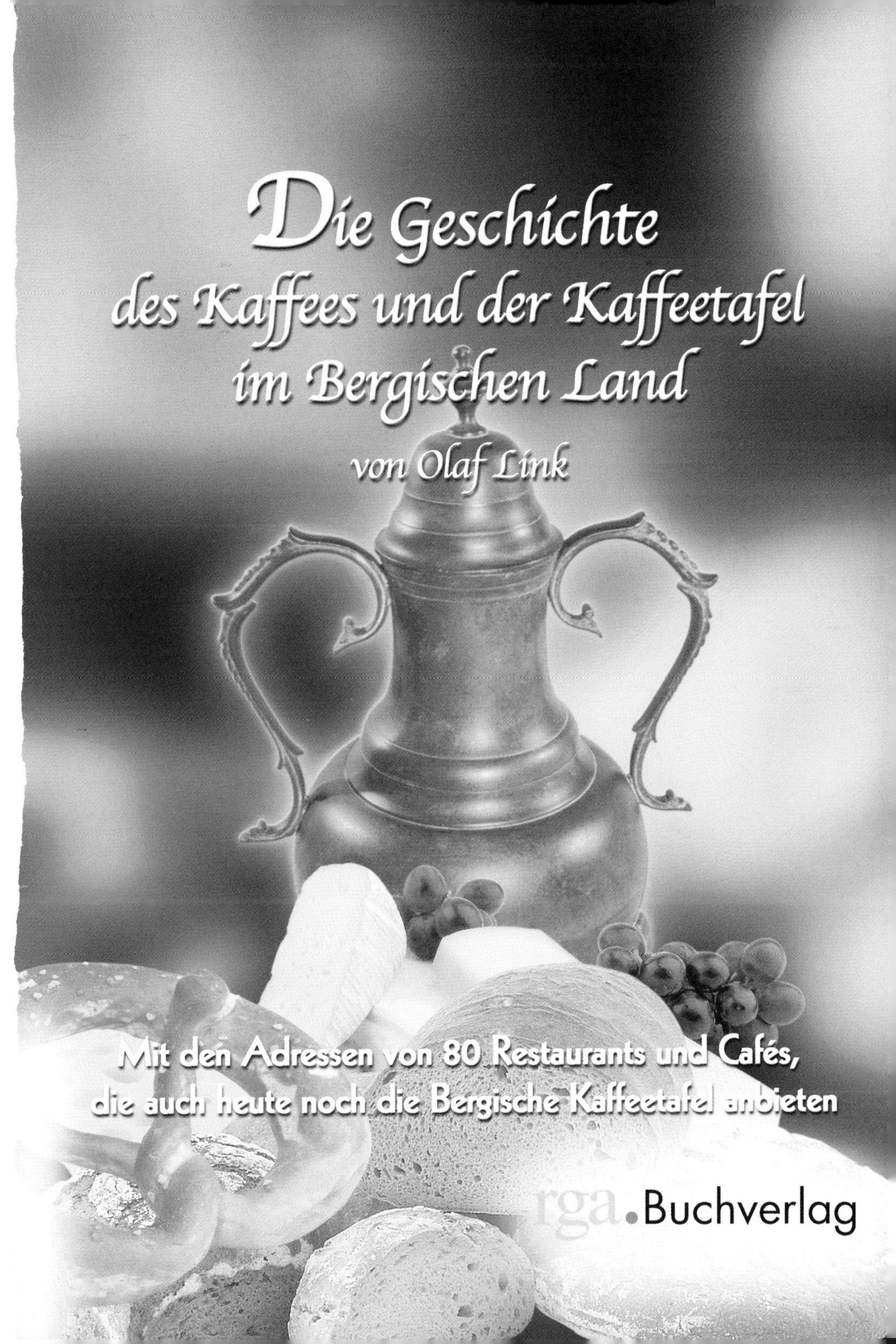

# Die Geschichte des Kaffees und der Kaffeetafel im Bergischen Land

von Olaf Link

Mit den Adressen von 80 Restaurants und Cafés, die auch heute noch die Bergische Kaffeetafel anbieten

rga.Buchverlag

# Impressum

## Die Geschichte des Kaffees und der Kaffeetafel im Bergischen Land

2003 J. F. Ziegler KG, Druckerei und Verlag, Remscheid
Verlag: RGA-Buchverlag, Remscheid
Texte: Olaf Link
Koordination & Organisation: Carsten Schütz, Remscheid
Titelgestaltung & Layout: Katrin Reinmöller, Remscheid
Gesamtherstellung: RGA-Druck, Remscheid



ISBN 3-923495-68-4

# Inhaltsverzeichnis

# Die Geschichte des Kaffees und der Kaffeetafel im Bergischen Land

Statt eines Vorwortes

Ey! wie schmeckt der Caffe süsse,
Lieblicher als tausend Küsse,
Milder als Muscaten-Wein,
Caffe, Caffe muss ich haben;
Und wenn iemand mich will laben,
Ach so schenckt mir Caffe ein.
*Bach, Kaffeekantate*

Der Kaffee muss heiß wie die Hölle,
Schwarz wie der Teufel,
Rein wie ein Engel,
Süß wie die Liebe sein.
*Talleyrand*

Alle unsere besten Gedanken
haben wir in einer Art Fieber-Rausch,
im Fieber von Kaffee erregt.
*Lichtenberg*

Also Kaffee. Irgendein Philosoph,
und es muss einer der größten gewesen sein,
hat einmal gesagt, das sei das Beste am Kaffee,
dass er in jede Situation und Tagesstunde hineinpasse.
Wahrhaftig. Worte eines Weisen.
*Fontane*

# Kulturhistorische Veränderungen und Ausformungen von Trinkgewohnheiten

Zu vor- und frühgeschichtlicher Zeit mag der Akt des Essens und Trinkens einzig der Befriedigung von Hunger und Durst gedient haben. Wie das gerade geborene Kind instinktiv die mütterliche Brust sucht, so wird wohl auch die Nahrungsaufnahme unserer Vorfahren zunächst erfolgt sein, ohne dass sie darüber zuvor besonders nachdachten.

Wie der Säugling, sobald er gestillt wird, nicht nur Hunger und Durst befriedigt fühlt, darüber hinaus auch emotionale Befriedigung erfährt, so werden unsere Vorfahren beim Essen und Trinken irgendwann einmal ein sinnliches Wohlbehagen empfunden haben.

Essen und Trinken gingen also immer schon über die körperliche Kalorienzufuhr hinaus. Die Aufnahme von Speisen und Getränken bedeutete von jeher mehr als das Bemühen um Sättigung. Es ist zwar ein Akt individueller Bedürfnisbefriedigung, aber auch eine kulturelle Handlung. Individuelle und kulturelle Momente des Essens und Trinkens sind untrennbar miteinander verbunden und räumlichen, zeitlichen sowie gesellschaftlichen Veränderungen unterworfen.

Die Geschichte des Kaffees und der Kaffeetafel im Bergischen Land, die ich in diesem Buch darlegen möchte, soll eben diesen Wandlungsprozess beispielhaft aufzeigen.

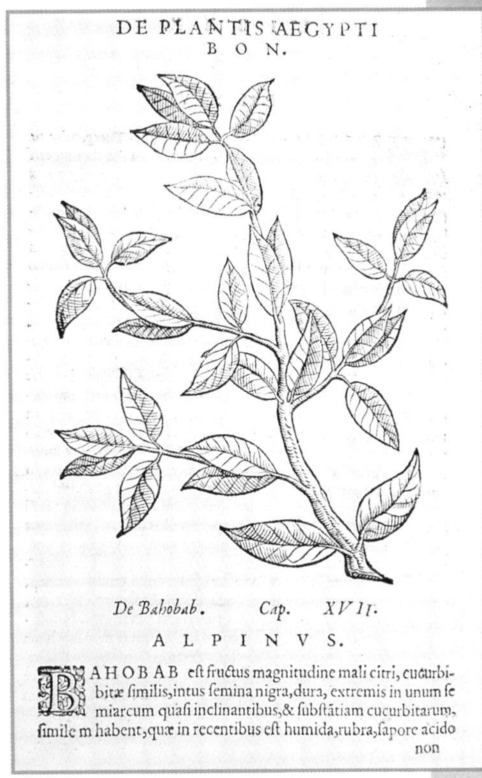
DE PLANTIS AEGYPTI
BON.

*De Bahobab.* *Cap.* *XVII.*

ALPINVS.

BAHOBAB eſt fructus magnitudine mali citri, cucurbitæ ſimilis, intus ſemina nigra, dura, extremis in unum ſemiarcum quaſi inclinantibus, & ſubſtãtiam cucurbitarum ſimilem habent, quæ in recentibus eſt humida, rubra, ſapore acido non

Erste europäische Abbildung einer Kaffeepflanze, aus Prosperi Alpini, De Plantis Aegypti Liber, Venedig 1592
Bildnachweis: Johann-Jacobs-Museum, Zürich, Schweiz

Weit entfernt vom heutigen Bergischen Land und von den germanischen Völkerstämmen, in den arabischen Ländern, war der Kaffee als medizinischer Trank bereits um das Jahr 1000 bekannt. Zum Volksgetränk wurde er aber auch in der islamischen Welt nicht vor dem 15. Jahrhundert. Arabischen Sagen und Märchen zufolge soll der ursprünglich in Äthiopien beheimatete Kaffee im Jahr 1420 durch einen Mufti Gemal-Eddin nach Aden und Mekka gebracht worden sein, von wo aus ihn Pilger im Laufe der Zeit im gesamten Vorderen Orient verbreiteten. Als gesichert darf gelten, dass Sultan Suleiman II. 1554 in Konstantinopel ein erstes Kaffeehaus errichten ließ.

Von dieser Geschichte des Kaffees war unseren germanischen Vorfahren wohl nichts bekannt. Ihnen dürstete nach berauschenderen Getränken: nach Bier und Honigwein. In Mythos und Religion vorchristlicher Zeit waren diese Getränke von großer Bedeutung. Doch auch nach der Christianisierung des Abendlandes verehrten unsere Vorfahren besondere Bierheilige, wie z. B. Sankt Gambrinus.

Die Weine und Biere des Altertums und Mittelalters hatten mit denen unserer Zeit nur wenig gemeinsam. Wein diente dazu, Speisen darin abzukochen. Suppen und Soßen wurden zubereitet, indem man dem Wein verschiedene Zutaten beigab. Ein Kochbuch aus dem 15. Jahrhundert empfiehlt, Erdbeeren und Kirschen vor deren Genuss mit Wein zu waschen. Das Frühstück, selbst kleiner Kinder, bestand selbstverständlich aus einer Biersuppe, im Niederbergischen Land „Scheimersbrock" genannt, zurückgehend auf die Begriffe „Schember" für Dünnbier und „Brock" für Brot.

Die Bedeutung, die man zu jener Zeit dem Wein sowie dem Bier beimaß, ist wohl mit auf die für uns unvorstellbaren damaligen hygienischen Verhältnisse zurückzuführen.

In der Zeit zwischen dem 14. und 18. Jahrhundert wurde Europa immer wieder von Seuchen heimgesucht. Zumeist handelte es sich um die Pest, die allein in den Jahren 1348 bis 1351 ein Drittel aller in Europa beheimateten Menschen dahinraffte. Während des Dreißigjährigen Krieges schleppten die beteiligten Armeen den

Typhus mit sich durch alle Länder. Andere Epidemien – Pocken, Lungenpest, Ruhr und Cholera – waren bis ins späte 18. Jahrhundert keine Seltenheit. Letztere trat im Bergischen Land noch 1849 auf, und zwar in Lennep. In einem zeitgenössischen Bericht aus jenen Tagen heißt es: „Die Cholera wüthete zwischen dem 15. und 23. Sept. am heftigsten; gesunde und kräftige Personen erlagen ihr oft in drei bis vier Stunden. Bis zum 2. Oct. waren erkrankt 669, gestorben 202, noch in Behandlung 39."

Der Wein- und Bierschenck
Bildnachweis: Germanisches Nationalmuseum, Nürnberg

Die Gründe der verschiedenen Seuchen waren unseren Vorfahren unbekannt. Noch zum Ende des 19. Jahrhunderts glaubte man, dass die Pest durch eine Verseuchung von Wasser und Luft verursacht werde.
Diese Verseuchung sei bedingt durch eine Unheil bringende Konstellation der Sterne, glaubten die einen. Andere machten aus den Tiefen der Hölle emporsteigende Erdausdünstungen für das Auftreten der Pest verantwortlich.

Ganz gleich, welcher Theorie man auch anhing: Wein und Bier wurde über Jahrhunderte gegenüber dem Wasser der Vorzug gegeben, zumal sich während des gesamten Mittelalters das Gräuelmärchen hielt, dass die Juden die Brunnen vergifteten.

Zu Wein und Bier gesellte sich im 16. Jahrhundert der Branntwein als weiteres alkoholisches Getränk hinzu. Zum Ende dieses Jahrhunderts bereiste Leonard Rauwolf, ein aus Augsburg kommender Arzt, die islamische Welt und erfuhr dort vom Wein des Islam: dem Kaffee.

Ebenfalls zum Ende des 16. Jahrhunderts gelangte der flämische Gelehrte Charles d'Ecluse, ein Bediensteter Kaiser Rudolfs II. in Wien, in den Besitz eines Kaffeebaumes. Übrigens war wohl auch er es, der die ersten Kartoffeln in Europa anpflanzte.

Seine Erkenntnisse über den Kaffeebaum hat Charles d'Ecluse in seinen 1601 und 1605 erschienenen Büchern „Rarium plantarum historia" und „Exoticorum libri decem" festgehalten.

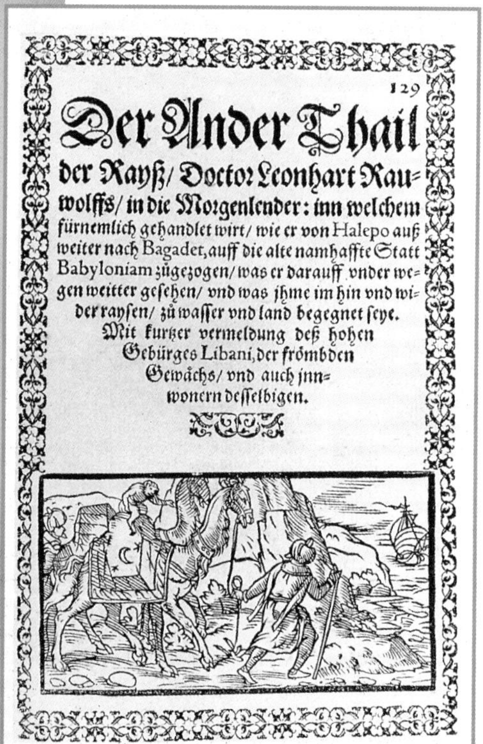

129

Der Ander Thail

der Rayß/ Doctor Leonhart Rauwolffs/ in die Morgenlender: inn welchem fürnemlich gehandlet wirt/ wie er von Halepo auß weiter nach Bagadet, auff die alte namhaffte Statt Babyloniam zůgezogen/ was er darauff vnder wegen weitter gesehen/ vnd was jhme im hin vnd wider raysen/ zů wasser vnd land begegnet seye.

Mit kurtzer vermeldung deß hohen Gebürges Libani, der frömbden Gewächs/ vnd auch jnnwonern desselbigen.

Titelblatt im Reisebericht von L. Rauwolf, der die erste gedruckte Nachricht vom Kaffee nach Europa vermittelt hat, Lauingen, 1582
Bildnachweis: Johann-Jacobs-Museum, Zürich, Schweiz

Zunächst als Medikament verwendet, wurde der Kaffee in Deutschland langsam bekannt. Das Wissen vom Kaffee als Genussmittel breitete sich in der zweiten Hälfte des 17. Jahrhunderts in Deutschland aus, wo im Norden, nämlich in Hamburg, englische und holländische Kaufleute zwischen 1677 und 1687 die ersten Kaffeewirtschaften eröffneten, wo im Süden, und zwar 1686 in Regensburg, zehn Jahre später in Nürnberg, 1697 in Würzburg und 1712 in Stuttgart, weitere Kaffeewirtschaften folgten.

In jenem Zeitraum, der zwischen spätem Mittelalter und der Etablierung des Kaffees als Genussmittel lag, kam

es in unseren Landen zu einer Vielzahl bedeutender Ereignisse, die – das soll in den folgenden Kapiteln dieses Buches thematisiert werden – auch für die Trinkgewohnheiten unserer Vorfahren von nicht geringer Bedeutung waren: Man denke nur an Reformation und Gegenreformation, Absolutismus und Frühkapitalismus.
Sind, wie ich eingangs behauptete, individuelle und kulturelle Momente des Essens und Trinkens auf das Engste miteinander verwoben und räumlichen, zeitlichen sowie gesellschaftlichen Veränderungen unterworfen, so soll dies nun am Beispiel der Geschichte des Kaffees und der Kaffeetafel im Bergischen Land belegt werden.

Christoph Weigel (1654–1725), nach Jan Luyken (1649–1712): Das Coffe-Haus
Bildnachweis: Johann-Jacobs-Museum, Zürich, Schweiz

Selbstverständlich darf dieser Wandel nicht als linearer Prozess verstanden werden. So wie Wein und Bier nicht durch Branntwein ersetzt, sondern nur ergänzt wurden, so hat auch der Kaffee die alkoholischen Getränke nicht verdrängt. Gewandelt aber haben sich die bewussten und unbewussten Motive, die uns zu einem Glas Wein oder Bier, zu Spirituosen oder aber zu einer Tasse Kaffee greifen lassen.

Auch die Regeln und Gesten des Trinkens sind gesellschaftlichem Wandel unterworfen. Im Bergischen Land

war es noch während des 19. Jahrhunderts nicht ungewöhnlich, dass in einem Gasthaus mehrere Personen aus einem Glase tranken. Sitte war es auch, sein Glas zu erheben, wenn ein Freund oder Nachbar das Gasthaus betrat. Wurde dieses Zutrinken nicht erwidert, so war das oft Anlass für Streit und Prügelei, die nicht selten vor dem Richter endeten.

Der Genuss des Kaffees und der Kaffeetafel im Bergischen Land transferierte im Laufe der Geschichte, was mit deren Bedeutung als bloßem Nahrungsmittel nur noch wenig zu tun hat: schicht- und klassenspezifische Unterschiede sowie Feiertagsstimmungen.

Infolge der im 19. Jahrhundert eingetretenen Industrialisierung und der im 20. Jahrhundert aufgekommenen Supermarkt- und Fast-Food-(Un-)kultur haben sich regionale Besonderheiten des Essens und Trinkens nahezu aufgehoben. Kaffee wird heute vielerorts in Automaten angeboten, die ihn in Plastikbechern abfüllen. Die Kaffeetafel, die im Bergischen Land als traditionell galt, wird vielen jungen Menschen, wenn überhaupt, so nur noch dem Namen nach bekannt sein.
Dieses Buch kann und will gesellschaftliche Entwicklungen nicht aufhalten. Der Autor ist von der vagen Hoffnung geleitet, in einer schnelllebigen Zeit ein wenig an Wissen und Erinnerungen vermitteln und so bewahren zu können, wie unsere Vorfahren – bis hin zur Generation unserer Großeltern und Eltern – den Kaffee und die Kaffeetafel genossen haben.

Als es in Hamburg und Regensburg bereits die ersten Kaffeewirtschaften gab, kannten die Menschen im Bergischen Land das schwarze, heiß zubereitete Getränk nur aus Erzählungen Reisender, die von mancherlei Exotischem berichteten, was ihnen im Nahen und Fernen Osten widerfuhr.
Im Bergischen Land war das Bier seit Jahrhunderten Volksgetränk und als solches allgegenwärtig. Um uns einen Eindruck von den hiesigen Trinkgewohnheiten zu verschaffen, können wir bis zum Beginn des 7. Jahrhunderts zurückgehen, als Venantius Fortunas von den Barbaren im Rheinland berichtete, die bis zur Bewusstlosigkeit um die Wette tranken.

# Als der „Saufteufel" das Bergische Land beherrschte

Was heute in einigen studentischen Burschenschaften oder anlässlich des Münchener Oktoberfestes zelebriert wird, scheint bei unseren Vorfahren zum gewöhnlichen Alltag gehört zu haben. Dies jedenfalls dürfen wir vermuten, wenn wir die Gesetze und Anordnungen des Herzogtums Berg richtig interpretieren, die sich gegen so manche durch übermäßigen Alkoholkonsum verursachte Ärgernisse richteten. Solche Anordnungen sind bereits im Edikt Herzog Wilhelm von Bergs aus dem Jahr 1554 enthalten.

1696 wurden einige Anordnungen „Von den Wirthshäusern und Herbergen" auf landesherrlichen Befehl neu gedruckt. Hierin hieß es u. a.: „Die Wierthe in den Städten und Dörffern sollen geloben, dass sie wissentlich keine Boßheit, unehrbar Gesellschaften, unehrlich Wesen, Gezanck, Gotteslästerung oder verdächtige Persohnen auffhalten oder herbergen."

Herzog Wilhelm von Berg
Bildnachweis: Stadtarchiv Düsseldorf

Aus Gerichtsprotokollen vergangener Jahrhunderte geht hervor, dass Saufereien und daraus resultierende Streitereien und Schlägereien in den Gasthäusern des Bergischen Landes an der Tagesordnung waren.

Wir dürfen annehmen, dass noch im ersten Jahrzehnt des 18. Jahrhunderts im Bergischen Land kein Kaffee getrunken wurde. Im 17. Jahrhundert entwickelte sich sowohl in den ländlichen Gebieten als auch in den wenigen bergischen Städten das Trinken von Branntwein zu einem Massenphänomen. Zu Beginn des 18. Jahrhunderts soll es

Jan Steen (1625–1679): Streitende Bauern im Wirtshaus
Bildnachweis: Museum der bildenden Künste, Leipzig, Maximilian-Speck-von-Sternburg-Stiftung

im gesamten Bergischen Land kaum ein Haus gegeben haben, in dem man zum Eigenverbrauch keinen Wacholderbranntwein herstellte. In Elberfeld gab es 1702 die ersten Gaststätten, die neben Bier und Wein auch Wacholderbranntwein anboten.

Als ein Zeugnis unter vielen, welches die große Zahl bergischer Gaststätten belegt, soll hier eine Notiz aus dem Tagebuch eines Friedrich Christoph Müller angeführt werden. Auf dem Weg von Elberfeld nach Düsseldorf ist unter dem 17. April 1774 vermerkt: „Man trifft auf diesem Wege, der immer bergan u. ab gehet, fast alle Vierthel Stunde ein Wirthshaus."

Für die Annahme, dass es im Bergischen Land bereits in vergangenen Jahrhunderten eine große Zahl von Wirtshäusern und Schenken gegeben hat, spricht die Tatsache, dass es hier heute noch viel mehr Familien als selbst in Städten mit Bierbrau-Tradition – z. B. Bayreuth, Bitburg, Flensburg, Jever – gibt, deren Name auf die Berufsbezeichnung des Wirtes hinweist.
Da sich die Berufstätigkeit in früherer Zeit gewöhnlich vom Vater auf den Sohn, von diesem auf den Enkel vererbte, kam man darauf, den seit vielen Generationen als Schmied, Müller oder Schuster tätigen Personen die Berufsbezeichnung als Familienname beizugeben. So geschah es auch mit den Wirten, deren Nachkommen uns noch heute mit den Familiennamen Wirt, Wirth, Wierth, Wirths, Wirtz oder in Wortverbindungen wie z. B. Frühwirt oder Gutwirth begegnen.

Als eindrucksvoller Beleg der Tatsache, dass aus der Berufstätigkeit des Wirtes der Name seiner Familie und der seiner Nachfahren wurde, sei hier ein Beispiel aus Leichlingen angeführt. Hier wurde am 19. Dezember 1608 „Hermann des Wirths Hauss" erstmals urkundlich erwähnt, da der Pastor Sibertus Fabritius Christopher zum Balcken im Jahr 1607 „Innen, In Hermannes des Wirdts Hauss, dhaselbst zu Leighlingh mitt Ehrenrhurigen wortten angegriffen und neben mehr Anderen schmeeworttern einen Schelmen und Zauberen der mitt dem daubell umgangen soltte verhulden haben."

Friedrich Christoph Müller (1751–1808): Elberfeld
Bildnachweis: Historisches Zentrum, Stadtarchiv Wuppertal

Die Nachfahren des Wirtes Hermann führten den Familiennamen Wirtz. Zu diesen Nachfahren gehörte zunächst Wilhelm Wirtz, der in Dokumenten der Jahre 1686 bis 1713 Erwähnung findet, sowie der am 22. März 1686 geborene Johannes Wirtz, dessen Frau Elisabeth am 8. Oktober 1713 einen Sohn – Herbert Wirtz – zur Welt brachte. Auch dessen Söhne Daniel und Theodor waren Gastwirte. Um die Geschichte abzukürzen: Am 11. Juli 1935 heiratete Hilda Emilie Sophie den Juristen Peter Wilhelm Klumpen. Sie war die letzte mit dem Familienname Wirtz, die Hermann des Wirths Hauss ihr Eigentum nannte. Nebenbei sei vermerkt, dass die Gaststätte „Hermann des Wirths Hauss" bis auf den heutigen Tag von Nachkommen dieses Wirtes Hermann betrieben wird.

Auch die Familiennamen Krüger und Schenk, die im Bergischen Land recht häufig vertreten sind, weisen übrigens auf Vorfahren hin, die als Gastwirte tätig waren. Insbesondere in den eher ländlichen Bereichen bezeichnete man die Gastwirtschaften als „Krüge", die Wirte als „Krüger". Diese Bezeichnung verdankt sich der Tatsache, dass in früheren Zeiten Bier und Wein aus Krügen ausgeschenkt und getrunken wurden. Da in den Gaststätten ausgeschenkt wurde, nannte man sie auch „Schenke" und den Wirt „Schenk".

Gaststätten, die neben Bier und Wein auch Branntwein anboten, machten durch ein „Weckelnsträußchen", einen aus Wacholderzweigen gebundenen Strauß, den der Wirt neben die Eingangstür hing, auf sich aufmerksam. Diese Eigentümlichkeit hat sich zumindest im Niederbergischen Land bis weit ins 19. Jahrhundert hinein erhalten.

Joos van Craesbeeck (1606–1654/61):
Zechende Gesellschaft vor einem Wirtshaus
Bildnachweis: Staatliches Museum Kassel,
Gemäldegalerie Alte Meiser

Wie sehr die Menschen des Bergischen Landes dem Wacholderschnaps zusprachen, lässt sich erahnen, wenn man weiß, dass im Jahr 1801 das Abschlagen von Wacholdersträuchern polizeilich verboten wurde. Bei Zuwiderhandlung waren 25 Reichstaler Strafe zu zahlen.

Als Anekdote soll an dieser Stelle berichtet werden, was sich nach dem in Radevormwald zugetragenen Stadtbrand des Jahres 1802 ereignete. In einer Familienchronik jener Tage wurde folgende Darstellung der Ereignisse niedergeschrieben: „Am 24. August 1802 ist durch eine entsetzliche Feuersbrunst die ganze Stadt Rade, in zeit von 1½ stundt, in einen Schutthaufen verändert worden; dieses Feuer ist bey H. Funcke vorm Thor aller Erst; wie man anders nicht wissen kann, durchs Bier Brauen entstanden."

Wie reagierten die benachbarten Gemeinden auf die „durchs Bier Brauen" verursachte Tragödie? „Alle benachbarten Stätten und Flecken kamen und leisteten Hülfe", heißt es in der Familienchronik. Diese Hilfe bestand – so der Bericht – u. a. darin, dass die umliegenden Orte die Stadt Radevormwald mit Branntwein versorgten.

Der „Saufteufel", wie Martin Luther im 16. Jahrhundert den Alkoholismus bezeichnete, während er zugleich dem Wein neben Weib und Gesang das Wort redete, ohne die man zeitlebens ein Narr bleibe, wütete über viele Generationen im Bergischen Land. Die von Martin Luther ausgehende Reformation, die den Menschen als in persönlicher, unvermittelter Beziehung zu Gott stehend verstand, blieb nicht ohne Wirkung auf das Verhältnis des Einzelnen zum Alkohol. Die protestantische Ethik ließ es nicht zu, dass der Trunksüchtige wie bisher den Teufel, das Böse oder andere Mächte für sein trauriges Schicksal verantwortlich machen konnte.

Auf die Bedeutung der Reformation sowie der protestantischen Ethik bezüglich des Alkohol-, aber auch des Kaffeekonsums im Bergischen Land, werden wir im folgenden Kapitel etwas ausführlicher eingehen. Hier sei nur vermerkt, dass sich, wenn auch nur äußerst langsam, zunächst moralisch und dann auch medizinisch begründete Haltungen Gehör verschafften, die sich gegen übermäßigen oder gar jeglichen Alkoholgenuss richteten.

Die erste im Bergischen Land herausgegebene Zeitung, wenn man von Publikationen aus Düsseldorf einmal absieht, war das ab dem 1. Oktober 1788 erschienene „Bergische Magazin". Diese in Elberfeld gedruckte Zeitung widmete sich vorzugsweise medizinischen Problemen, die nicht selten mit moralischen untrennbar verbunden wurden. Der Alkoholismus, als ein im Bergischen Land Besorgnis erregendes Phänomen, war wiederholt Thema der Zeitung.

Unter der Überschrift „Die schädlichen Folgen des öfteren Berauschens, moralisch und physisch betrachtet von Johann Henrich Scheller, Wundarzt und Geburtshelfer zu Lödorf im Amt Solingen" schrieb der Autor: „Die Advokaten, Apotheker, Notarien und Prokuratoren pflegen ihren Gram und die Chikanen ihrer Gegner im Rebensaft zu ersticken und auszuwischen. Die Fuhrleute, Leinweber, Gerichtsboten, Amtsjäger, Bereuter, Hufschmiede und andere erheitern ihr Gemuth beym Branntwein oder Bier, vergessen jede drückende Nahrungssorge, machen Entwürfe, ihr zeitliches Glück auf eine leicht ausführbare Weise zu verbessern, fühlen schon wirklich den Anfang dieser eingebildeten glücklichen Veränderung und trotzen in dieser Ekstase jedem widrigen Schicksal mit entschlossenem Mute.

Endlich umjubelt der Schlaf ihre täuschende Vorstellungen, ihre heitere Seele wird verfinstert; unruhig und wühlend durchschlafen sie dann die edle, den Geschäften gewidmete Zeit. Sobald sie erwachen, sind alle gestrigen Entwürfe vergessen; Trägheit, Unlust und bange Nahrungssorgen treten an deren Stelle, und auf diesem Weg eilt jeder Vollsäufer dem gänzlichen Verfalle seiner Glücksumstände entgegen. Ja, was noch mehr ist, die Gesundheit, die edelste aller Glücksgaben, wird durch öfteres Berauschen unwiederbringlich zerstöret."

Johann Henrich Scheller schrieb, er habe „häufiger Gelegenheit, den übermäßigen Genuss des Branntweins mit Unwillen zu sehen, und die Folgen davon als Wundarzt zu behandeln". Er zieht dann gegen den Alkoholkonsum von Kindern zu Felde: „Kinder von vier und fünf Jahren begleiten ihre Väter in Wirthshäuser und lernen zur Freude der dort versammelten Gesellschaft – aber leider! viel zu früh! – den Branntwein Gläserweise ausleeren! – (Ich rede von meinem Wohnorte Lödorf, wo diese löbliche Gewohnheit üblich ist)."

Aber es gab auch im Weltbild des Wundarztes nicht nur solche Menschen, die dem Alkohol verfallen waren. So konnte er von seinen „benachbarten Kollegen in Wald,

Haan und Solingen rühmen, dass sie sehr ordentliche Männer sind, die weder selbst Branntwein trinken, noch ihre Kinder dazu verführen." Scheller räumte dann ein: „Ein kleines Gläschen ist uns Gelehrten aber doch zuweilen nicht zu verübeln."

Die erste Zeitung des Bergischen Landes schien einen Pluralismus von Werthaltungen gepflegt zu haben, wie man ihn bei Zeitungen unserer Tage wohl schwerlich finden dürfte. Schon in einer der nächsten Ausgaben des „Bergischen Magazines" wurde ein Standpunkt vertreten, der sich gegen den des Wundarztes Scheller richtete. Unter der Überschrift „Apologie des Weinfaßes" hieß es: „Übermaß im Trinken zerrüttet gewiß, wenigstens auf einige Zeit die Vernunft, nutzt sie die Länge und würdigt den Menschen herunter; darum aber wird der Hang zum Trinken noch nicht zum Verbrechen. Selbst ist es ein seltener Fall, dass er die Ursache zu einem Verbrechen wird: Dumm macht er; aber nicht arg."

Der Autor schrieb weiter: „Für eine vorübergehende Zänkerey, an welcher der Wein schuld ist, stiftet er hundert dauerhafte Verbindungen."

War uneingeschränkter Alkoholkonsum im Bergischen Land über viele Jahrhunderte hinweg eine Selbstverständlichkeit, so mehrten sich also nun die mahnenden Stimmen, die wiederum bei den mehr Trinkfreudigen das Bekenntnis zum Alkoholgenuss herausforderten. Befürworter und Gegner des Alkohols demonstrierten ihre Positionen auf vielfache Weise. So kamen während des 19. Jahrhunderts in der hiesigen Region beschriftete Glaskrüge in Umlauf, auf denen es hieß:
„Trinke Wein in Ehr und Zucht,
Unmaß macht dir Schand und Sucht."

Die trinkfreudigere Position wurde zur selben Zeit als Inschrift auf Geschirr und Schüsseln vertreten:
„Fussel on Bier,
Dat es min Pläsier."

Viele Sprüche und vermeintliche Volksweisheiten des späten 18. und frühen 19. Jahrhunderts kokettierten mit dem Genuss des Alkohols. So lautet ein Spruch, den

man vorzugsweise zu Zeiten der Ernte hörte: „Jedes Köenschen em Sack es en Dropen geschwett." Ein ähnlicher Spruch lautete: „En riep Köenschen es en kloar Dröppken."

Sprüche, die auf übermäßigen Alkoholkonsum hinwiesen, verfolgten manchen Bewohner des Bergischen Landes über den Tod hinaus. So sei hier exemplarisch von dem aus dem heutigen Solinger Stadtteil Wald stammenden Musikus Rösling berichtet, der am 25. Januar 1804 verstarb und einen Grabstein mit folgender Aufschrift erhielt:

„Nach Kummer und Beschwerde
Ruht hier in kühler Erde
Von Rösling das Gebein.
Er war im ganzen Leben
Der Harmonie ergeben
Und trank gern Branntewein."

# Die Verbreitung des Kaffees im Bergischen Land

Als im Jahre 1679 Pfalzgraf Johann Wilhelm II., den die Untertanen später Jan Wellem nennen sollten, die Regierungsgeschäfte von seinem Vater Philipp Wilhelm übernahm, hatte er gerade ein Jahr zuvor in Wien die Schwester des Kaisers, die Erzherzogin Marianne Josepha, zur Gemahlin erwählt.

Johann Wilhelm II.
Bildnachweis: Stadtarchiv Düsseldorf

Die Herrschersitze in Wien und Paris waren dem erst einundzwanzigjährigen Regenten durch längere Aufenthalte bestens vertraut. In Wien dürfte Johann Wilhelm II. wohl auch erstmals das in Kreisen des dortigen Adels in Mode gekommene Heißgetränk gekostet haben: Kaffee.

Dieser als Getränk war bei Hofe von zweitrangiger Bedeutung. Wichtiger schien, dass Kaffee nur den Reichsten zugänglich blieb und man durch die Tatsache seines Genusses und in der Art und Weise, wie dieser sich vollzog, gesellschaftliche Bedeutung demonstrieren konnte.

Kaffee zu trinken wurde zum Nachweis guten Geschmacks, selbst wenn das Getränk vielen nicht geschmeckt haben dürfte. Eine prominente Person, der Kaffee und die anderen beiden neuen Modegetränke – Tee und Schokolade – nicht mundeten und die dies auch bekannte, war die Herzogin Elisabeth von Orléans, bekannter als Liselotte von der Pfalz, die 1699 in Paris schrieb: „Tee kommt mir vor wie Heu und Mist,

Kaffee wie Ruß und Feigbohnen, und Schokolade ist mir zu süß, kann also keines leiden, Schokolade tut mir weh im Magen. Was ich aber wohl essen möchte, wäre eine gute Kaltschale oder eine gute Biersuppe, das tut mir nicht weh im Magen."

G. J. B. Scotin (1642–1715): Kaffeeverkäufer in den Straßen von Paris
Bildnachweis: Johann-Jacobs-Museum, Zürich, Schweiz

Kaffee galt als höfische Prestigeinnovation. Das fremdländische Heißgetränk ließ in Fernweh schwelgen und weckte Sehnsüchte nach einem Paradies, das in den Ursprungsgebieten des Kaffees vermutet wurde.

Am Hofe Ludwigs XIV. lernte Johann Wilhelm II. bereits in jungen Jahren die luxuriöse Lebensart des französischen Regenten kennen und war so beeindruckt hiervon, dass er – nun Herrscher über das Bergische Land – sich an der verschwenderischen Hofhaltung des Sonnenkönigs zu orientieren versuchte. Um seine diesbezüglichen Ansprüche einigermaßen befriedigen zu können, bürdete er seinen Untertanen hohe Steuern und Schuldenlasten auf.

Die Menschen im Bergischen Land hatten vom Beginn des Dreißigjährigen Krieges (1618–1648), über die spanischen, polnischen und österreichischen Erbfolgekriege bis hin zum Siebenjährigen Krieg (1756–1763) kaum friedliche Zeiten erlebt. Soldaten aus aller Herren Länder durchzogen das Rheinland, verwüsteten, plünderten und

brandschatzten und brachten viel Leid über die Bevölkerung. Bereits während des Dreißigjährigen Krieges, im Jahr 1636, beklagte Pfalzgraf Wolfgang Wilhelm gegenüber dem Kaiser, dass von der Bevölkerung seines Herzogtums nur noch ein Sechstel am Leben sei.

Die Menschen des Bergischen Landes, die während der Zeit von 1618 bis 1763 kaum eine längere Phase des Friedens durchlebten, von Hungersnöten und Seuchen als Begleiterscheinungen der Kriege betroffen waren und gerade damit begonnen hatten, die zahlreichen Kriegsschäden zu beheben, vermochten die finanziellen und materiellen Ansprüche Johann Wilhelms II. kaum zu befriedigen.

Da in die Zeit seiner Regentschaft die wirtschaftliche Gesundung des Bergischen Landes fiel, die wesentlich im kriegsbedingten Nachholbedarf begründet war, brachte das bergische Volk Johann Wilhelm II., trotz dessen durch Abgaben finanziertem luxuriösen Lebensstil, große Sympathie entgegen.

Zu wirtschaftlicher Blüte gelangten insbesondere die Textilbetriebe in Elberfeld und Barmen sowie die Metall verarbeitenden Betriebe in Remscheid und Solingen, deren Erzeugnisse über Holland bis in dessen Kolonien exportiert wurden, von wo auf umgekehrtem Wege der erste Kaffee ins Bergische Land kam.

Antoine Trouvain (1656–1708):
Elisabeth Charlotte, Herzogin von Orléans
Bildnachweis: Kurpfälzisches Museum der Stadt Heidelberg

E 18 Elverfeldt in Anno 1741 J. H. Schmitz, 1741

J. H. Schmitz: Elverfeldt in Anno 1741
Bildnachweis: Historisches Zentrum, Stadtarchiv Wuppertal

B 19 Gemarke von Osten – F. Ch. Müller, 1774

Friedrich Christoph Müller (1751–1808): Gemarke von Osten
Bildnachweis: Historisches Zentrum, Stadtarchiv Wuppertal

Nicht nur Jan Wellem, auch der übrige Adel des Bergischen Landes demonstrierte zunehmend französische Lebensart. Die in jenen Jahren errichteten Herrenhäuser waren nicht mehr Festungen; sie dienten dazu, durch prunkvollen Baustil und großzügig angelegte Parkanlagen Reichtum und damit einhergehende Macht ihrer Besitzer zur Schau zu stellen.

Analog hierzu verfeinerten sich innerhalb der Herrenhäuser die Umgangsformen. Neue Gegenstände fanden Eingang ins herrschaftliche Leben: z. B. aus China kommendes Ess- und Trinkgeschirr, dem sich ab etwa 1712 das in Meißen produzierte erste europäische Porzellan hinzugesellte.

Als Johann Wilhelm II. 1716 starb, begannen auch die neu entstandenen großbürgerlichen Kreise, vornehmlich im Tale der Wupper, das Vorbild herrschaftlicher französischer Lebensart zu kopieren. Der Aufschwung des Textilgewerbes führte dort zu zunehmender wirtschaftlicher und politischer Selbstständigkeit des aufstrebenden Bürgertums.

Im Jahr 1729 berichtete der Bergische Hofkammerrat Johann Wülfing vom blühenden Handel des Landes, der vom Export in ferne Länder profitiere. Die wirtschaftlichen Verhältnisse erlaubten es selbst dem vierten Stand, das einstige Getränk der Herrschenden, den Kaffee, zu trinken.

Johann Wilhelm II., der ein strenggläubiger Katholik war, zeigte sich gegenüber den protestantischen Untertanen, die im Bergischen Land die Mehrheit bildeten, stets tolerant.
Ausgehend von den Ideen der Reformation, die im Bergischen Land schon bald nach Martin Luthers öffentlichem Auftreten 1517 bekannt wurden und insbesondere durch den bergischen Reformator Adolf Klarenbach Verbreitung fanden, entwickelte sich in unserer Region eine Haltung, die der Soziologe Max Weber später einmal als „protestantische Ethik" umschreiben sollte. Diese Haltung war dadurch gekennzeichnet, dass sie tugendhaftes Leben und Kontrolle menschlicher Triebe und Bedürfnisse forderte. Hinsichtlich des Essens und Trinkens wurde zunächst an Enthaltsamkeit bezüglich verführerischer „Specereyen" und „Gewürtze" appelliert, ohne

die man hierzulande ohne Probleme zu leben vermochte, bis sie aus fremden Reichen ins Bergische Land kamen.

Nach den vielen Kriegen, die das Bergische Land zwischen 1618 und 1763 überzogen, gab es auch im Bereich der Ernährung einen großen Nachholbedarf. Auf dem Weg über die nahen Niederlande erhielt die bergische Bevölkerung pflanzliche Erzeugnisse aus Asien, Afrika und Amerika, die hier neue Formen des Genusses herausbildeten.
Die fremdländischen Erzeugnisse veränderten Speisengefüge und Würzrichtung der bergischen Mahlzeiten. Zu diesen Erzeugnissen gehörten die Kartoffel und der Tee. Zu ihnen zählte auch der Kaffee, der in den reformierten Gemeinden des bergischen Raumes allerdings als heidnisch oder, aufgrund seiner schwarzen Farbe, gar als höllisch galt.

Einig mit der protestantischen Bewegung wussten sich, zumindest in der Ablehnung des Kaffees, die Gastwirte. Dass ausgerechnet das billigste Getränk im an Bächen reichen Bergischen Land, das Wasser, indem man es mit Kaffeepulver vermischte, zum allseits beliebten Getränk sich entwickeln sollte, konnte nicht in deren Sinne sein.

Wenige Jahrzehnte später veränderte sich die Haltung des Protestantismus zum Kaffee grundlegend. Gegenüber Bier, Wein und Branntwein galt er nun als nüchternes Getränk, dem nachgesagt wurde, drosselnd auf die geschlechtlichen Triebe zu wirken. Nun avancierte der Kaffee zum Leibgetränk des bergischen Christen.

Zielscheibe protestantischer Kritik war etwa ab der Mitte des 18. Jahrhunderts der Konsum von Alkohol, insbesondere dann, wenn er am Sonntag unmittelbar mit dem Kirchgang verknüpft wurde oder gar von diesem abhielt, da die Gastwirtschaft so verführerisch nahe beim Gotteshaus lag.

Weltliche und geistige Herrschaft erkannten, dass der Kaffeekonsum auf den menschlichen Organismus anregend wirkte und diesen länger in wachem Zustand zu halten vermochte. Da die ökonomische Entwicklung auf eine Verlängerung der Arbeitszeit und Intensivierung der Arbeitsleistung hinauslief, kam den wirtschaftlich Mächtigen

dieser Effekt sehr entgegen. Der Konsum von Alkohol hingegen untergrub die Arbeitsdisziplin. Es bestand bei den Herrschenden ein Interesse, das Volk vom Alkohol weg und hin zum Kaffee zu lenken. So bezeichnete auch der durch die von ihm entwickelte Wasser- und Abhärtungskur gegen Kreislauf- und Stoffwechselstörungen berühmt gewordene Pfarrer Sebastian Kneipp den Kaffee als eine Arznei.

Aus dem Bergischen Land sind aus dem frühen 19. Jahrhundert einige medizinische Bräuche bekannt, von Krankheiten mit Hilfe des Alkohols zu heilen:

Bei Zahnschmerzen wurde empfohlen, den Spiritus von Schnaps abzubrennen, das übrig Gebliebene in der flachen Hand zu reiben und durch die Nase aufzuziehen. Im Falle der Wassersucht sollten getrocknete Holunderbeeren auf Schnaps gesetzt und eingenommen werden. Magenschmerzen wurden therapiert, indem man auf die Wurzeln des Tausendgüldenkrauts eine halbe Kanne Schnaps goss und das Ganze einen Tag ziehen ließ, um es morgens auf nüchternen Magen zu trinken.

Aus jener Zeit sind auch die ersten bergischen Bräuche überliefert, mit Kaffee als Arznei einige Leiden zu beseitigen oder doch zumindest zu lindern. So wurde empfohlen, bei Schnupfen den Dampf heißen Kaffees durch die Nase zu ziehen. Gegen Bettnässen soll geholfen haben, das Wasser aus der Blase eines frisch geschlachteten männlichen Schweines in der Menge eines gefüllten Schnapsglases in schwarzen Kaffee zu gießen und in dieser Form mehrmals täglich zu trinken.

Der französische Schriftsteller Charles Baudelaire, der von 1821 bis 1867 lebte, schrieb in „Die künstlichen Paradiese", dass der Konsum des Kaffees den von Haschisch beeinflusse, indem er „den Ausbruch dieses mysteriösen Rausches mehr oder minder beschleunigen" könne. An anderer Stelle steht zu lesen, dass man das Haschisch, „um ihm mehr Kraft und Ausbreitung zu geben, in einer Tasse schwarzen Kaffees verrührt".

Dass die Menschen des Bergischen Landes die Empfehlungen des berühmten Literaten kannten, diesen gar Folge leisteten, darf bezweifelt werden.

Kinder sollten übrigens während des 19. Jahrhunderts vom Kaffeegenuss ferngehalten werden. Wohl in jeder deutschen Schule wurde ab etwa 1840 der von dem Zittauer Musiklehrer Carl Gottlieb Hering komponierte und getextete Kanon

„C-a-f-f-e-e-,
trink nicht so viel Kaffee,
nicht für Kinder ist der Türkentrank,
macht sie müde, macht sie blass und krank.
Sei doch kein Muselmann,
der das nicht lassen kann!"

einstudiert und gesungen.

Porträt des Carl Gottlieb Hering (1766–1853)
Bildnachweis: Stadt- und Waagenmuseum, Oschatz

Wenn davon die Rede ist, dass der Kaffee ab der Mitte des 18. Jahrhunderts im Bergischen Land allgemeine Verbreitung fand, so dürfen wir nicht davon ausgehen, dass es sich dabei um den uns bekannten Bohnenkaffee handelte. Dieser blieb dem wohlhabenden Adel und gehobenen Bürgertum vorbehalten, während sich die Mehrheit der Menschen mit dessen Surrogaten zu begnügen hatte, die man als „Muckefuck" bezeichnete.
Diese Surrogate bestanden, jeweils in gerösteter Form, aus Hülsenfrüchten, Nüssen, Mandeln, Bucheckern, Eicheln, Kastanien, Weizen, Roggen oder Zichorien, die zwischen Köln und Aachen sowie am Niederrhein angebaut wurden, nachdem ein Gärtner namens Timme im thüringischen

Arnstadt zum Anfang des Jahrhunderts die Zichorie als mögliche Ersatzpflanze entdeckte und gezielt als Kaffeeimitat züchtete.

Jenes Warmgetränk, das sich zunächst im Bergischen Land verbreitete, war also nicht Bohnenkaffee, sondern ein aus Ersatzstoffen gefertigter Kaffee, dessen niedriger Preis zum rasanten Umsatz beitrug. Unterstützung fand die Verbreitung des Ersatzkaffees durch Traktate, in denen Ärzte und Apotheker dessen positive Eigenschaften hervorhoben.

Johann Jakob Haid (1704–1767),
nach Christian Rugendas (1708–1781): Die Caffe-Stube
Bildnachweis: Johann-Jakobs-Museum, Zürich, Schweiz

Georg Christoph Lichtenberg schrieb 1792 in seinen „Sudelbüchern" von einem „Kraut, dessen Same im Hannoverschen Neuen Magazin 1792 44ten Stück zu Kaffee empfohlen wird".

Bereits 1769 brachte Lichtenberg zum Ausdruck, dass das den Bohnenkaffee imitierende Ersatzgetränk – in diesem Fall der Roggenkaffee – trotz aller Empfehlungen neben dem wohl tatsächlichen bitteren Beigeschmack auch den sprichwörtlichen des Selbstbetruges habe. Dieses Ersatzgetränk sei „zuträglich, auch leicht zu haben, aber was das Schlimmste war, es war weiter nichts als Rocken-Kaffee".

Die von der Bevölkerung des Bergischen Landes konsumierten Ersatzgetränke ermöglichten es zumindest, der bei den Wohlhabenden in Mode gekommenen Sitte des

Kaffeetrinkens nachzueifern. Wer es sich finanziell erlauben konnte, vermischte an Sonn- und Feiertagen das Kaffeesurrogat mit echtem Bohnenkaffee oder trank diesen in so dünnen Aufgüssen, dass dessen Aussehen dem Tee glich.

Bohnenkaffee als Getränk auch niedriger Bevölkerungsschichten fand im Bergischen Land nur langsam Verbreitung. Vom Verkauf des aus der Neuen Welt eingeführten Bohnenkaffees allein hätte ein Unternehmen damaliger Zeit nicht leben können. So importierte zum Beispiel die bis zum Anfang des 19. Jahrhunderts in Remscheid ansässige Firma Johann Bernhard Hasenclever & Söhne neben Bohnenkaffee noch weitere Produkte: Baumwolle, Pfeffer und Tabak. Der Barmer Unternehmer Joh. Fr. Heugold hatte, so das „Kaufmännische Bergische Taschenbuch auf's Jahr 1804", neben Bohnenkaffee auch andere „holländische Waaren" im Sortiment.

Allgemein üblich dürfte der Bohnenkaffee bei unseren Vorfahren nicht vor 1850 gewesen sein.

# Kaffeekonsum als gesellschaftliches Ereignis

Der Genuss des Kaffees diente nicht, zumindest nicht vorrangig, der Stillung des Durstes. Mehr noch als heute hatte er anfangs soziale Funktion. Der Kaffeegenuss war eingebettet in besondere gesellschaftliche Situationen und brachte selbst solche Situationen hervor.

Kaffeehaus in London, Ende 17. Jahrhundert
Bildnachweis: Johann-Jakobs-Museum, Zürich, Schweiz

Kaffee wurde nicht von „Eigenbrötlern", also Menschen, die Brot und andere Nahrung allein im stillen Kämmerlein zu sich nahmen, getrunken. Sein Konsum erfolgte zunächst kaum in den sprichwörtlichen eigenen vier Wänden, sondern in öffentlichen Kaffeeschenken und Kaffeehäusern.

Celestin Francois Nanteuil (1813–1873):
Gelehrte im Café Procope
Bildnachweis: Johann-Jacobs-Museum, Zürich. Schweiz

Bereits ab der Mitte des 17. Jahrhunderts gab es in London und Oxford, Paris und Marseille, Amsterdam und Den Haag solche Kaffeeschenken und Kaffeehäuser. Allein in der französischen Hauptstadt sollen um 1690 etwa zweihundertfünfzig solcher Einrichtungen miteinander konkurriert haben. Als im Bergischen Land das erste Kaffeehaus seine Pforten öffnete – 1769 in Düsseldorf – boten in Paris bereits mehr als tausend solcher Häuser das Modegetränk an.

Für das Jahr 1817 sind sieben Düsseldorfer Kaffeehäuser nachweisbar. In Paris gab es zu dieser Zeit mehr als viertausend Kaffeehäuser. Das erste bergische Kaffeehaus außerhalb Düsseldorfs eröffnete 1811 in Elberfeld.

Gottlieb Gassen (1828): Heinrich Heine
Bildnachweis: Heinrich-Heine-Institut, Düsseldorf (Stifung der Stadtsparkasse Düsseldorf)

Ganz gleich, ob ein Kaffeehaus sich in der französischen Metropole oder in Elberfeld, der reichsten Stadt nicht nur des Bergischen Landes sondern ganz Westfalens, befand, eines war sämtlichen Kaffeehäusern gemeinsam: Sie blieben den begüterten Kreisen des Adels und aufstrebenden Bürgertums vorbehalten, denen sie als Zentren der Kommunikation dienten. In ihnen wurden Geschäftsverbindungen geknüpft und Kaufverträge abgeschlossen sowie Themen aus Politik und Kultur diskutiert. Als Ort der Artikulation des Bürgertums trug das Kaffeehaus wesentlich zu dessen Emanzipation bei.

Der Philosoph Jean-Jacques Rousseau verkehrte ebenso in den Pariser Kaffeehäusern des 18. Jahrhunderts wie Voltaire, der regelmäßig in dem nahe der Comédie Francaise gelegenen „Procope" anzutreffen war.

Der Düsseldorfer Heinrich Heine schrieb in einem Brief vom 26. Januar 1822 über das von ihm bevorzugte Kaffeehaus in Berlin, das sich in der Charlottenstraße befand: „Ich kann nicht gut vorbeigehen, ohne einen Augenblick hineinzusehen."

In „Die Harzreise", verfasst im Jahr 1824, erwähnte Heinrich Heine einen Disput, den er mit Dr. Saul Ascher in eben diesem Kaffeehaus führte. Dabei ging es um die Frage: „Was ist Furcht? Kommt sie aus dem Verstande oder aus dem Gemüt?"

Ernst Moritz Arndt, der im Herbst und Winter 1798 und 1799 in Italien weilte, schrieb über die Kaffeehäuser von Florenz: „Dort sind niedliche hölzerne, auch wohl marmorne Tische hingestellt, die immer sauber erhalten werden, und auf welchen die besten Zeitungsblätter liegen, die Markeurs selbst sind nett gekleidet und geben, was man verlangt, in ebenso nettem Porzellan. Wenn man auch mal kommt und geht, ohne etwas anzurühren, so sehen sie darum nicht scheel."

Der Kaffeegenuss zu damaliger Zeit war eine besondere Ausdrucksform der sich etablierenden bürgerlich-industriellen Gesellschaft, das Kaffeehaus Förderer des sozio-kulturellen Wandels. So wie die Pariser Kaffeehäuser während und noch lange nach der Französischen Revolution 1789 Treffpunkte verschiedener politischer Gruppierungen bildeten, so entstanden auch in den hiesigen Kaffeehäusern politisch motivierte Vereinigungen.

Dass sich das Bürgertum zunehmend von weltlicher und geistlicher Herrschaft emanzipierte, konnte dieser nicht verborgen bleiben. Die Obrigkeit ließ Kaffeehäuser bespitzeln, da sie von denen, die sich in ihrer Macht bedroht fühlten, als Stätten revolutionärer Verschwörung angesehen wurden. Hatte man das in den Kaffeehäusern übliche „Raisonnieren" gerade noch geduldet, so konnten daraus sich ergebende praktische Konsequenzen nicht hingenommen werden.

In der Zeit der Regentschaft des Kurfürsten Karl Theodor entwickelte sich Düsseldorf zum rheinischen Zentrum der Aufklärung. Die aus den Kaffeehäusern hervorgegangenen politischen Bewegungen, die sich im Sinne der Aufklärung betätigten und Kritik an den herrschenden Verhältnissen übten, waren dem Landesherrn jedoch nicht geheuer. Am 19. Februar 1790 erließ er gleich mehrere Verfügungen gegen solche „Staatsverderber", denen am 20. Mai 1791 ein Verbot sämtlicher Vereinigungen folgte, die sich aufklärerisch betätigten.

Im Bergischen Land gab es solche Vereinigungen, deren Entstehung und Entwicklung durch die Existenz der Kaffeehäuser begünstigt wurde, nicht nur in Düsseldorf, sondern auch zum Beispiel in Elberfeld und Lennep. Hierbei handelte sich in der Regel um „gelehrte Gesellschaften" oder „Lesegesellschaften", die eine kritische und rational geführte Auseinandersetzung mit anderen Meinungen pflegten. In einer Weisung Karl Theodors vom 23. Juni 1792 hieß es, dass solche Gesellschaften „an sich verdächtig, und demgemäß im politischen Staate nicht zu dulden sind".

Adolphe Portier: Le Café Politique, Paris um 1850
Bildnachweis: Johann-Jacobs-Museum, Zürich, Schweiz

Den Freunden des Kaffees und der Kaffeehäuser wurde auch aus anderen Gründen der Genuss des Getränks und der damit einhergehenden Geselligkeit erschwert.

So erklärte der preußische Staat bereits 1766 den Import, 1780 auch das Rösten des Kaffees zu seinem eigenen alleinigen Recht. Friedrich der Große schickte Spitzel aus, die als so genannte „Kaffeeriecher" feststellen sollten, wer trotz Verbots Kaffee röstete und trank. Mancherorts wurde selbst Kaffeegeschirr beschlagnahmt.

Am 2. Januar 1781 erließ der „Alte Fritz" ein Dekret, demzufolge eine begrenzte Zahl von „Brennscheinen" ausgestellt wurde, die zum Rösten des Kaffees berechtigten. Der Verkauf des hoch besteuerten Kaffees blieb auf wenige Händler beschränkt. Profitiert von dieser Kaffeepolitik haben jene, die Kaffee heimlich über die Grenze schmuggelten oder illegal rösteten.

Christian Friedrich Reinhold von Lisiewski:
Bildnis Friedrichs des Großen um 1775
Bildnachweis: Germanisches Nationalmuseum, Nürnberg

Die zwischen 1766 und dem Tod des Preußenkönigs 1786 erfolgten Maßnahmen zum Verbot oder zur Reduzierung des Kaffeekonsums waren in der Tatsache begründet, dass der zwischen England und Preußen gegen Frankreich, Österreich und Russland geführte Siebenjährige Krieg dem Staat so teuer war, dass er glaubte, den Geldfluss ins Ausland stoppen zu müssen. In jenen Jahren bürgerte sich für Zichorienkaffee der Name „Preußischer Kaffee" ein.

Die bürgerlichen, von der Aufklärung inspirierten Kreise trafen sich zunehmend auch in privaten Zirkeln, die mit anderen vergleichbaren Zusammenkünften in Kontakt standen und den Prozess politischer Verselbstständigung in Gang hielten. So kam es am Nachmittag des 22. Juni 1774 im Hause Caspary in Elberfeld zu einem Kaffeekränzchen, an dem u. a. der Theologe Johann Caspar Lavater, der Arzt und Schriftsteller Heinrich Jung-Stilling sowie dessen berühmter Studienfreund Johann Wolfgang Goethe teilnahmen.

Alexander Speisegger (1750–1798):
Johann Caspar Lavanter
Bildnachweis: Das Gleimhaus, Halberstadt, Literaturmuseum und Forschungsstätte

In Barmen traf sich ab 1816 jeden Samstag ein Kreis von Bleichern und Chemikern im Hause des Apothekers Joh. H. van Hees auf der Schuchardstraße, um bei gemeinsamem Kaffee Fachliteratur zu lesen und zu erörtern.

Die Betreiber von Kaffeeschenken und Kaffeehäusern hätten allein vom Ausschank nicht leben können. Verstärkt boten sie zusätzliche Anreize, um Gäste zu locken: Einige versuchten, das zunehmende Bedürfnis nach Bildung und Aufklärung durch die Bereitstellung von Zeitungen, Zeitschriften und selbst Lexika zu befriedigen.

Johann Gottfried Pflugfelder: Gesicht von Wuppertal und Gemarcke, 1789
Bildnachweis: Historisches Zentrum, Stadtarchiv Wuppertal

In „Hermann, Zeitschrift von und für Westfalen" wurde 1825 von dem im Mai desselben Jahres gegründeten Lesezirkel „Börsenhalle" berichtet, eröffnet von dem Elberfelder Adolf Brüning, der in der Grünenstraße ein Commissionsgeschäft betrieb. Es wurde über „eine unermessliche Menge von in- und ausländischen Zeitungen und anderer Tageblätter" geschrieben, weshalb „es auch bei etwaigem mangelnden Anlass an mündlicher

Unterhaltung hier nie an Zeitvertreib" fehle. „Liebt man aber politische Discourse, so kann man den Stoff dazu wohl so leicht nicht auf einem Fleck so beisammenfinden wie hier."

Anderen Betreibern ging es weniger um Bildung und Aufklärung als darum, das gesellige Beisammensein durch Spiel und Unterhaltung zu fördern. Den Gästen wurden hier Möglichkeiten des Karten- und Schachspiels offeriert. In einigen Kaffeeschenken und Kaffeehäusern standen Billardtische. Mancherorts wurde der Kaffeegenuss durch Klaviermusik verschönt; gelegentlich spielten sogar kleine Orchester oder es durfte Gesangsbeiträgen gelauscht werden.

Andreas Geiger (1765–1856) nach Johann Christian Schoeller (1782–1851): Die Zeitungsliebhaberey
Bildnachweis: Johann-Jacobs-Museum, Zürich, Schweiz

Die Menschen, die in Kaffeeschenken oder Kaffeehäusern zusammenkamen, um dort zu lesen, zu spielen oder sich unterhalten zu lassen, gründeten nicht selten Gesellschaften und Vereine, um ihren gemeinsamen Interessen hierdurch Ausdruck zu verleihen.

In verschiedenen Orten des Bergischen Landes kam es anfangs des 19. Jahrhunderts zur Gründung von Lesegesellschaften. 1812 rief Jakob Salentin von Zuccalmaglio, Notar in Schlebusch, zur Förderung der Liebe zu den schönen Künsten eine Gesellschaft ins Leben, die sich den Namen „Musikalische Akademie" gab. Am 1. Januar 1824 gründeten 30 Bürger aus Elberfeld die Gesellschaft „Einigkeit", die sich regelmäßig nahe der reformierten Kirche, im Lokal des Friedrich Neuhoff traf. In der von der Witwe des Joh. And. Obermeyer auf der Louisenstraße in Elberfeld geführten Schenke konstituierte sich am 1. April 1828 die Gesellschaft „Concordia".

Henri Toulouse-Lautrec (1864–1901):
Le Café Concert
Bildnachweis: Johann-Jacobs-Museum, Zürich, Schweiz

Weitere Gesellschaften und Vereine mit dem Ziel des geselligen Zusammenseins waren die im November 1833 gegründete Gesellschaft „Genügsamkeit", der im September 1834 ins Leben gerufene „Verein des Frohsinns" sowie die im Mai 1842 sich konstituierende „Sommergesellschaft bei Herrn Königsberg", benannt nach Nathanael Königsberg, der am Thomashof auf dem Döppersberg ein Gartenlokal betrieb.

1848 gründete der junge Emil Rittershaus, zu jener Zeit noch Primaner, in Barmen den „Redeverein von entschieden demokratischen Tendenzen". Neben anderen Schriftstellern des Bergischen Landes wie Gustav Reinhart Neuhaus, Hugo Oelbermann und Adolf Schults bot sich auch Emil Rittershaus in den in Kaffeeschenken und Kaffeehäusern entstandenen Bildungs- und Lesevereinen ein Forum, um eigene literarische Arbeiten einer interessierten Öffentlichkeit vorzustellen.

Bereits im Jahr 1822 schrieb der Elberfelder Oberbürgermeister Rütger Brüning dem Landrat, dass man es der Kaufmannschaft nicht verbieten könne, „wenn sie in dem Gastzimmer eines hiesigen mit einem Gewerbeschein versehenen Gast- und Kaffeewirts sich täglich versammelt".

Porträt des Emil Rittershaus (1834–1897)
Bildnachweis: Historisches Zentrum, Stadtarchiv Wuppertal

Porträt des Rütger Brüning (1775–1837)
Bildnachweis: Historisches Zentrum, Stadtarchiv Wuppertal

# Die Tischkultur im Wandel des 18. und 19. Jahrhunderts

Die Kaffeehäuser waren Orte ausschließlich der männlichen bürgerlichen Öffentlichkeit. Es bedurfte noch etwa eines halben Jahrhunderts, bis der Kaffee in nennenswertem Umfang auch in den häuslichen Bereich eindrang.

Seit der Kaffee sich vom in der Öffentlichkeit genossenen zum häuslichen Getränk wandelte, umgab ihn der Nimbus des Idyllischen und Gemütlichen.
An dieser Entwicklung mögen die Ehefrauen der Kaffeehausbesucher nicht unbeteiligt gewesen sein. Da die Gatten ihnen den Besuch der Kaffeehäuser untersagten – dort verkehrende Frauen wurden als dem Liebesgewerbe zugehörig angesehen –, veranstalteten sie ihre Kaffeetafeln in heimischer Sphäre, was eine erhebliche Zunahme von Begegnung, Erfahrungs- und Gedankenaustausch zwischen Frauen zur Folge hatte.

R. Brend'amour (1831–1915) nach E. Brack:
Das Kaffeekränzchen
Bildnachweis: Johann-Jacobs-Museum, Zürich, Schweiz

Im Zuge dieses Prozesses weitete sich die Prestigeträchtigkeit des Kaffees auf dessen Darbietung aus. Nicht allein die Tatsache, dass man Gästen des Hauses Kaffee zu offerieren vermochte, war von Bedeutung, sondern auch, wie die Kaffeetafel zusammengestellt, der Tisch gedeckt und die Zusammenkunft zu einer Sinneslust entwickelt werden sollte.

„Es ist nicht genug", so hieß es bereits in einem 1778 publizierten und „Hausmut-

ter" betitelten Buch, „gute und gesunde Speisen gekocht und zum Essen fertig gemacht zu haben, man muss auch wissen, in welcher Ordnung und Zierlichkeit, man solche anrichten und zu Tisch bringen soll". Dieser gutbürgerliche Anspruch galt auch für die Kaffeetafel.

Die vom Adel von jeher zelebrierten herrschaftlichen Gastmahle und deren unter dem Einfluss französischer Mode vollzogene Verfeinerung vorbildhaft vor Augen, bemühte sich das Bürgertum, auch seinen Mahlzeiten Glanz zu verleihen.

Die Einbeziehung des aus Übersee importierten Kaffees in die bergischen Mahlzeiten blieb nicht ohne Einfluss auf diese. Sowohl das Gefüge der verschiedenen Speisen als auch die Zusammenstellung der Gewürze formte sich um. Hieran hatte neben der Verbreitung des Kaffees übrigens auch die der Kartoffel, die sich im Bergischen Land etwa ab 1750 vollzog, entscheidenden Anteil.

Wohl keine im Bergischen Land als ursprünglich und traditionell geltende Speise ist auf dem Mist irgendeines hiesigen Bauern gewachsen. Was oft für lokal- oder regionaltypisch gehalten wird, ist in aller Regel auf fremde Einflüsse zurückführbar, die im Laufe vieler Jahre örtliche Prägungen erfuhren.

Waren in den vergangenen Jahrhunderten viele Mahlzeiten durch Rezepte aus Italien oder Spanien, mehr noch aus Polen, Ungarn und Böhmen beeinflusst, die infolge des mit diesen Ländern getriebenen Handels in unsere Region gelangten, so dominierte neben dem starken französischen Einfluss nun in bergischen Küchen, was aus den Kolonialmächten England und den Niederlanden an Innovationen bekannt wurde.

War die bergische Küche zu Zeiten des südlichen und östlichen Einflusses überwiegend von sauer und herb schmeckenden Speisen geprägt, traten mit der Verbreitung des Kaffees, den man gesüßt zu trinken pflegte, auch süße Speisen in den Vordergrund.

Zu festlichen Anlässen reichte die bergische Hausfrau Kuchen, ansonsten aß man

geschmacksneutrale Brote, die man mit Butter bestrich. Diese Brote waren aus Roggenmehl, dem in der Regel Hafer- oder Gerstenmehl beigemischt wurde, gebacken. Man bestrich sie mit Honig oder hausgemachtem Apfel- bzw. Birnenkraut. Da Schwarzbrot kräftiger als Weißbrot war, nannten die Knaben, die im frühen 19. Jahrhundert Kraftproben machten, den Starken „Schwattbruat" und den Unterlegenen „Wittbruat". Ob die Heranwachsenden deshalb das Schwarzbrot bevorzugten, ist unbekannt. Jedenfalls scheint es Kinder gegeben zu haben, die ihre Butterbrote nicht aßen, sondern fortwarfen. Dies veranlasste den in Dünnwald lebenden Peter Kürten zu folgendem Gedicht:

„Kengk, Kengk,
der lewe Gott schänk!
Hew de Botteram us dem Dreck,
leg se dem Vügelschen op de Heck.
Ov de Mösch oder de Sprool se kritt,
wenn se nur schmaat on nit verkütt."

Auch die aus Hafermehl gebackenen Waffeln, mit einem untergerührten Ei verfeinert und vor dem Essen mit Zucker oder einem Obstkraut gesüßt, gehörte spätestens ab der Mitte des 19. Jahrhunderts auf den sorgsam gedeckten Tisch jeder gutbürgerlichen Kaffeerunde.

Bereits zum Ende des 18. Jahrhunderts fanden im Bergischen Land die Brezeln Verbreitung, die sich als Kaffeegebäck großer Beliebtheit erfreuten. Ihr Ursprung soll auf einen französischen Soldaten zurückgehen, der um 1790 mit seinem Heer in Burg lagerte. Dieser Soldat, der in Friedenszeiten das Bäckerhandwerk ausübte, erkrankte während der Besatzungszeit und fand Quartier bei dem in Unterburg ansässigen Peter Hösterey, der ebenfalls Bäcker war. Hösterey soll zum Dank für gute Bewirtung und Pflege das Rezept zum Backen der Brezeln erhalten haben.

Urkundlich belegt ist, dass die Freiheit Burg im Jahr 1796 dem bei Hückeswagen lagernden französischen General Ney neben Burger Decken und Wupperlachs auch einige „Brizelen" zum Geschenk machte.

Die Brezelnbäckerei entwickelte sich zu einem Spezialgewerbe des kleinen Ortes Burg, in dem es um 1840 dreißig Brezelnbäcker gab. Wem dieses Burger Gebäck zu teuer war, der kaufte „Brezelgeschröbbels", also Reste zerbrochener Brezeln.

Der Genuss des Zuckers war lange Zeit ein Luxus, der dem Adel vorbehalten blieb. Indem nun auch das Bürgertum den Kaffee für sich entdeckte, diesen gezuckert und mit süßem Gebäck zu sich nahm, machte es sich auch hier die Standards des Adels zu Eigen.

Eine eigenständige Zuckerindustrie gab es im Umkreise des Bergischen Landes zunächst nicht. Zum Ende des 18. Jahrhunderts entstanden im Rheinland erste Raffinerien, die Rohzucker, der aus niederländischen Kolonien zu uns gelangte, verarbeiteten.

Wem der Zuckerverbrauch zu teuer war, behalf sich mit Honig. Nicht selten, insbesondere zu festlichen Anlässen, wurden zur Verstärkung süßen Geschmacks Rosinen und Mandeln, gelegentlich auch Datteln und Feigen oder kandierte Schalen von Zitrusfrüchten verwendet. Datteln und Feigen gab es zu damaliger Zeit nur in Apotheken zu kaufen. Das mit solchen Zutaten versehene Brot kann als Vorstufe des trockenen Kuchens angesehen werden.

Gesüßt wurde zunehmend auch mit den verschiedenen Sorten Beeren, in Gärten hinter den bürgerlichen Häusern herangezüchtet. Es war im gesamten Bergischen Land Brauch, den zum Kaffee geladenen Besuch in den Garten zu führen, um stolz die Stauden zu präsentieren.

Um 1850 gehörten „lederne Appeltaarten", „Prummenkooken" und Pottkuchen ebenso zur bergischen Backtradition wie Ballen, Schwanenhälse, Mohrenköpfe, Muzen und Bollebösker. In der Gegend um Cronenberg und Remscheid kamen darüber hinaus Kuchenspeisen auf, die mit Kartoffeln zubereitet wurden: „Linnewewer".

Etwa 30 Jahre später hielt sich im Bergischen Land das auf maßloser Übertreibung basierende Gerücht, in Solingen gäbe es mehr Konditoreien als selbst in Berlin.

Aus Weizenmehl und Rosinen hergestellte und schneckenhausähnliche Gebäckstücke, die man mit Tonpfeifen versah, wurden im Bergischen Land ab der Mitte des 19. Jahrhunderts zum Beginn eines neuen Jahres gegessen, weshalb sie die Bezeichnung „Neujährchen" erhielten. Kleine Neujährchen kosteten um 1880 vier oder fünf Pfennig.

Blick auf Lennep aus Richtung Lenneper Hof um 1880
Bildnachweis: Deutsches Werkzeugmuseum,
Historisches Zentrum der Stadt Remscheid

„Der Anbau des Weizens hat in den letzten Jahrzehnten bedeutend zugenommen; auch wird Buchweizen jetzt häufiger gezogen", heißt es in einem 1854 von J. Voßnack und O. von Czarnowsky verfassten Buch mit dem Titel „Der Kreis Lennep". Das Mehl der Buchweizen wurde zum Kuchenbacken ebenso geschätzt wie zur Herstellung des Pannaß, einer bis zum Beginn des 20. Jahrhunderts im Bergischen Land recht beliebten Speise, der Wurstbrühe beigegeben wurde.

Die niederbergische Geschichte „Der Holzgraf" berichtet von „Haferbrot, mit Buchweizen und wenig Roggen vermischt, und zum Aufstrich versteifter Obstsaft".
Der im Bürgertum sich verbreitende Zuckerverbrauch geschah wohl nicht ausschließlich aus dem Verlangen, sich mit den höfischen Normen zu identifizieren. Der Konsum des Zuckers sowie des Kaffees erlaubten Teilhabe an den Genüssen der großen weiten Welt.

Zu Beginn des 19. Jahrhunderts versuchten einige Kleinunternehmer unserer Region, aus einheimischen Rüben gewonnenen Zucker zu vertreiben. Aber das Bürgertum wünschte den Zucker als Kolonialware. Es dauerte bis zur Mitte des Jahrhunderts, bis aus der heimischen Rübenindustrie ein einträglicher Gewerbezweig entstand.

# Der Kaffee und die Bergische Kaffeetafel im 19. Jahrhundert

Zum Ende des 18. Jahrhunderts gewann der Kaffeekonsum im Bergischen Land in immer weiteren Teilen der Bevölkerung an Bedeutung, was einen Anonymus zu folgendem „Eingesandts" in den „Jülich-Bergischen Wöchentlichen Nachrichten" vom 23. 8. 1785 veranlasst haben mag: „Jeder Bürger, jeder Handwerksmann, jeder Bauer – in einem volkreichen Umkreiß von beinah vier Stunden, trinkt wenigstens dreimal, mehrenteils viermal täglich seinen Kaffe. Es gibt sogar Leuthe, die von Morgen bis Abend ihren Kaffe-Kessel nicht kalt werden lassen, die also den ganzen Tag durch diesen Nektar der Muselmänner genießen. Die höchst schädlichen Folgen dieses Kaffe-Schwelgens sind zu bekannt, sie sind zu ofte geschrieben und gesagt worden, als dass ich nötig hätte, diese Wahrheiten hier noch mal zu wiederholen. Ja meine Mitbürger erfahren leider täglich die nachtheiligsten Würkungen davon."

Mit zunehmender Verbreitung des Kaffeekonsums im 19. Jahrhundert gewannen auch die Kaffeezubereitungsgeräte sowie Servier- und Trinkgefässe an repräsentativer Bedeutung. Das so genannte „gute" Porzellan wurde nicht, wie andere Gebrauchsgegenstände, in der Küche aufbewahrt, sondern im Wohnzimmerschrank, der – wie auch in Holland üblich –, Glastüren besaß, sodass der Inhalt sich dem Blick der Besucherinnen und Besucher darbot. Nicht grundlos wurden solche Schränke im Bergischen Land „Prahlhans" genannt.

Wem ein vollständiges Kaffeeservice zu teuer war, legte sich nach und nach „Sammeltassen" zu, um wenigstens auf diese Weise in den Besitz des Prestigeobjektes Porzellan zu gelangen.

Wurde der Kaffee in den Kaffeehäusern zunächst in Kannen serviert, die in Form und Gestaltung den Weinkannen nachempfunden waren, so änderte sich dies mit dessen Verhäuslichung. Hier kam die im Bergischen Land als „Dröppelmina" bekannte Kranenkanne in Gebrauch, die vom ersten äußeren Anschein einem russischen Samowar gleicht.

Die Kranenkanne mag zunächst „Dröppelmina" genannt worden sein, weil der Kaffeesatz, der sich in ihrem Ausguss festsetzte, nur ein langsames „Dröppeln" des Kaffees erlaubte. Auch nachdem Melitta Benz den Kaffeefilter erfand und der Kaffee ohne Satz in die Kranenkanne kam, „dröppelte" es weiter: diesmal aus dem Kran, der zuvor durch den Kaffeesatz ein wenig abgedichtet wurde.

Über den Ursprung der „Dröppelmina" gibt es mehrerer Vermutungen. Möglicherweise ist die auf drei Beinen stehende, einer Birne nachgeformte Kanne ostasiatischen Ursprungs und aus niederländischen Kolonien über Holland in der zweiten Hälfte des 18. Jahrhunderts ins Bergische Land gelangt.

Dröppelmina
Bildnachweis: Niederbergisches Museum, Wülfrath

In der „Dröppelmina" wurde der Kaffee nicht gebrüht. Sie diente nur zum Warmhalten des Getränks und hatte, wie das „gute" Porzellan, repräsentativen Charakter, weshalb man sie nicht auf den Herd, sondern auf den Tisch stellte, auf dem die Kaffeetafel angerichtet war.

Ein Gemälde des Remscheider Malers Johann Peter Hasenclever aus dem Jahr 1838, betitelt mit „Die Heimkehr des Jobst", zeigt die „Dröppelmina" im erwähnten „Prahlhans", dem im Wohnraum befindlichen Glasschrank und auch in einem um 1927 verfassten Gedicht von Anni Händiges-Ströter wird die „Dröppelmina" im alten Eckschrank platziert:

„Im alten Eckschrank – dunkelbraun gebeizt –
mit schönen Rokokogeschnörkel – etwas blinden Scheiben,
ist eine Palastrevolution – ein Sturm im Wasserglase.
Wie das rumort und durcheinander schwatzt –
‚Sag ich es nicht, Fremdherrschaft – aufgeblasen Volk –'
Mina, die altbehäbige Madame, bläht ihren Zinnrock,
und die Oehrchen klappern."

Porträt von Johann Peter Hasenclever
Bildnachweis: Deutsches Werkzeugmuseum,
Historisches Zentrum der Stadt Remscheid

Das Material, aus dem die Kranenkanne hergestellt wurde, war Zinn, selten auch Messing, Kupfer oder Silber. Zinn hielt den Kaffee lange warm, war geschmacksneutral und nicht gesundheitsschädlich. Die größten „Dröppelminas" vermochten bis zu zwanzig Liter Kaffee zu fassen.

Die ab der Mitte des 18. Jahrhunderts in Meißener Manufakturen hergestellten porzellanenen Kranenkannen fanden im Bergischen Land ebenso wenig Verbreitung wie die aus Fayence, einem nach der bei Ravenna gelegenen Stadt Faenza genannten Werkstoff. Kannen aus diesem Material, das billiger als Porzellan war, stellten zu jener Zeit die Manufakturen in Arnheim und Delft her. Ihr Vertrieb blieb überwiegend auf die Niederlande beschränkt.

Die wohl erste Kranenkanne des Bergischen Landes wurde von dem 1729 geborenen Zinngießer Johann Arnold Lucas gefertigt. Schon kurze Zeit später stellten die

bergischen Zinngießerfamilien Arrenberg und Barkhaus in Elberfeld, Gösser in Barmen sowie auch kleinere Firmen „Dröppelminas" her.

Die auf den 1746 geborenen Johann Gösser zurückgehende Zinngießerei wurde zuletzt von Fritz Gösser betrieben, der von 1903 bis 1978 lebte. Die Zinngießerei Barkhaus war die letzte Zinngießerei des Bergischen Landes. Nachdem neun Generationen sich dieser Arbeit verschrieben hatten, gab Franz Barkhaus im Herbst 1972 den Betrieb auf.

Die Zinngießerei Arrenberg, die von dem am 17. Juni 1720 getauften Johann Wilhelm Arrenberg und dessen am 28. Dezember 1723 getauften Bruder Johann Henrich gegründet wurde, war im Jahre 1798 auf der Frankfurter Messe vertreten. Hier präsentierte der am 30. August 1751 getaufte Johann Peter Arrenberg, Sohn des Johann Wilhelm Arrenberg, die „Dröppelmina".
In späteren Jahren waren Kaufleute und Fabrikanten des Bergischen Landes nicht nur mit ihren „Dröppelminas", sondern auch mit anderen Kaffeezubereitungsgeräten auf der Frankfurter Messe vertreten.

Zu denen, die im frühen 19. Jahrhundert auf der Messe am Main ihre Waren feilboten, gehörten laut „J. C. Nellenbrecher's Allgemeinem Taschenbuch für Banquiers und Kaufleute", erschienen 1828:
„Johann Peter Schnitzler seel. Wittib von Gräfrath im Bergischen" sowie „Peter Caspar Lenharz von Lüttringhausen bey Sohlingen". Ersterer stellte „am Mayn, zwischen dem Geist- und Fahrtor", letzterer „am Fahrtor" unter anderem „Caffee-Mühlen" aus.

Mit dem Beginn des 19. Jahrhunderts wird der Kaffee, neben dem verpflichtend dazugehörigen Branntwein, unverzichtbarer Bestandteil der Mahlzeiten bei Hochzeiten und Begräbnissen.

Über das Begräbnis der am 29. September 1839 in Solingen verstorbenen Anna Katharina Baus sowie ihres am folgenden Tage entschlafenen Ehemannes wissen wir aus Dokumenten, dass vierzehn Frauen die beiden Leichen in die „Laden" legten

und zu ihrer Stärkung „2 Maaß Annis 15 Silbg., ¾ Pfd. weißen Zucker 6 S. Kaffee Semmel 7 S. 8 Pfg." verbrauchten.
Für den eigentlichen Leichenschmaus wurden gekauft: „20 Stück Semel à 5 Slbgr., 1½ Pfd. Korenten in 9 von diesen Semel, 4 Pfd. Kaffeebohnen à ½ 8 Slbgr., 4 Maaß Brandwein à 6 Slbgr., 3¾ Maaß Annis à 4¾ Slbgr., 4 Pakete Tabak à $1\frac{5}{12}$ S., 2 Dutzend dicke Pfeifen à 5 Pf." An dieser Leichentafel nahmen 48 Personen teil.

Aus den im letzten Drittel des 18. Jahrhunderts vereinzelt entstandenen Gartencafés entwickelten sich die bei Jung und Alt beliebten Ausflugslokale. Schon vor dem Entstehen der ersten Gartencafés war es allgemein beliebt, in Gärten und Lauben bei Bier oder Wein zu sitzen. Insbesondere Handwerksburschen und Studenten wanderten in die „Bierdörfer" und kehrten ein in den Weindörfern an Rhein und Mosel.

Aus Briefen Johann Wolfgang Goethes wissen wir, wie gern er während seiner Studienzeit die Gartenlokale in der Umgebung von Straßburg aufsuchte und wie oft er in späterer Zeit unter der Linde in Garbenheim-Wahlheim bei Wetzlar saß, Speisen und Trank herbeischaffen ließ.

Die Menschen in den bergischen Städten neuzeitlicher Prägung, bestimmt durch Hausindustrie, Manufakturen und Fabriken, pilgerten an Sonn- und Feiertagen ins Freie und kehrten in Gartencafés und Ausflugslokale ein.

Was in den bürgerlichen Häusern bereits ab dem 18. Jahrhundert zu beobachten war, zeigte sich nun auch hier: Die Gäste der Gartencafés und Ausflugslokale begnügten sich nicht allein mit dem Genuss von Kaffee und Gebäck. Neben dem Geschmacksinn wurden auch Auge und Ohr zum Genuss aufgerufen. Was der im Jahr 1805 geborene Autor Adalbert Stifter über Gartencafés schrieb, wird auch auf die des Bergischen Landes zugetroffen haben. Hier „erklingt Musik, und wenn es auch nichts andres ist als eine Drehorgel, und lustige Gruppen sind im Hin- und Zurückwandern begriffen, und an manchen Stellen trifft man Tanz, wenn auch oft die größte Sommerhitze herrscht". Der drei Jahre jüngere Wilhelm Hauff notierte über einen seiner Besuche eines Gartencafés: „Das Volk Gottes ließ sich vormusiciren, wie einst ihr König Saul, wenn er übler Laune war."

# Der Kaffee und die Bergische Kaffeetafel im 20. Jahrhundert

Im ersten Jahrzehnt des 20. Jahrhunderts haben sich im gesamten Bergischen Land zahlreiche Gaststätten etabliert, die umfangreiche Kaffeetafeln anboten. Die Bezeichnung „Bergische Kaffeetafel" scheint sich zu jener Zeit noch nicht eingebürgert zu haben.

Kurz vor dem Beginn des Ersten Weltkriegs erschien in Barmen das Buch „Burg an der Wupper – Roman aus dem 19. Jahrhundert", verfasst von Hermann Bäcker. Darin finden ein „bergischer Kaffee" sowie ein „bergisches Kaffeestündchen" Erwähnung.

Zu Beginn des Ersten Weltkriegs, im August 1914, bestand die allgemeine Hoffnung, Weihnachten bereits wieder in Frieden feiern zu können. Doch die schnelle Entscheidung, die Regierung und Bevölkerung erwarteten, blieb aus.
Geschäftstüchtige Unternehmer entwickelten Kaffeetabletten, die als so genannte „Liebesgaben" den Ehemännern, Vätern und Söhnen ins Feld geschickt wurden.

Bald schon wurde deutlich, dass nicht nur die Soldaten, sondern auch die wirtschaftlich auf einen länger andauernden Krieg unvorbereitete Zivilbevölkerung erhebliche Einschränkungen auf sich zu nehmen hatte. Spätestens mit Beginn des zweiten Kriegsjahres traten Probleme auf, die Menschen mit Lebensmitteln zu versorgen. Die Regierung war bemüht, vorhandene Lebensmittel zu rationieren. Fehlende und knapp gewordene Lebensmittel wurden durch Surrogate ersetzt. Als Ersatz des Kaffees kam ein Getränkepulver auf den Markt, das seines angeblich hohen Eiweißgehaltes wegen als gesund gelobt wurde.
Wo Lebensmittel nicht zu ersetzen waren, wurden sie gestreckt. So wurde Brot unter Verwendung verschiedenster Mehlsorten hergestellt.

Auf Anordnung des Reichskanzlers vom 29. November 1915 fand am 3. Januar 1916 eine Erhebung sämtlicher Vorräte von Kaffee, Tee und Kakao statt. Anzuzeigen waren alle Vorräte an Bohnenkaffee und Bohnenkaffeemischungen, sowohl in roher, gebrannter als auch in gerösteter und gemahlener Form. Anzeigepflichtig waren Kolonialwarenhandlungen und Vorkostgeschäfte, Kaffeebrennereien und -röstereien, Kaffeehandelshäuser, Hotels, Pensionen, Gast- und Schankwirtschaften sowie Kaffeehäuser.

Ansichtskarte „Gruss aus Kohlfurtherbrücke, Restauration und Gartenwirtschaft von H. Jacobs, 1901
Bildnachweis: Stadtarchiv Solingen

Ansichtskarte „Gruss aus Wipperaue, Flora-Garten", um 1915
Bildnachweis: Stadtarchiv Solingen

Private Haushalte, die über mehr als zehn Kilogramm Kaffee verfügten, hatten dies ebenfalls anzugeben.

Der Solinger Oberbürgermeister Dicke machte dies am 27. Dezember 1915, der in Opladen ansässige Landrat Lucas drei Tage darauf öffentlich bekannt.

Die Bekanntmachung endete mit folgendem Hinweis: „Wer die vorgeschriebene Anzeige nicht erstattet oder unrichtige oder unvollständige Angaben macht, wird mit Gefängnis bis zu sechs Monaten oder mit Geldstrafe bis zu fünfzehntausend Mark bestraft; auch können die Vorräte, die verschwiegen sind, im Urteil als dem Staate verfallen erklärt werden."

Trotz dieser Drohung schien man es mit der Anzeige des Kaffeebesitzes nicht allerorten sehr genau genommen zu haben. Jedenfalls ging am 15. April 1916 ein Schreiben des „Kriegsausschusses für Kaffee, Tee und deren Ersatzmittel" bei der Stadt Solingen ein, in dem „eine vollständige Bestandsaufnahme" angemahnt wurde. In der darauf folgenden Bekanntmachung des Solinger Oberbürgermeisters hieß es abschließend, dass die den Kaffee betreffenden Gesetze „bereits in Kraft getreten sind, ihre Geltung also nicht etwa erst abhängig ist von der Veröffentlichung im öffentlichen Amtsblatt oder sonstigen ortsüblichen Bekanntmachungen".

In einer „Bekanntmachung betr. Kaffee" vom 22. Mai 1916 verfügte der „Kriegsausschuss für Kaffee, Tee und deren Ersatzmittel":
„1. In jedem einzelnen Falle dürfen nur an die Verbraucher direkt oder seitens des Großhandels nur an solche Wiederverkäufer des Fachhandels abgegeben werden, die sich verpflichten, den Kaffee unmittelbar an die Verbraucher abzuführen.
2. In jedem einzelnen Falle darf nicht mehr als ½ Pfund gerösteter Kaffee verkauft werden. Der Verkauf ist nur gestattet, wenn gleichzeitig an denselben Käufer mindestens die gleiche Gewichtsmenge Kaffee-Ersatzmittel abgegeben wird."

Nach dem Ende des Ersten Weltkriegs im Jahr 1918 kam es im Bergischen Land schnell wieder zu einem beträchtlichen Konsum des Kaffees und die Bergische Kaffeetafel erlebte ihre eigentliche Blütezeit.

Werbeanzeige „Brot-Fabrik von Gustav Weisskopf"
Bildnachweis: Solingen und seine Umgebung, herausgegeben vom Verkehrs-Verein Solingen, Solingen, o. J.

Der in Düsseldorf lebende, 1876 geborene Schriftsteller Herbert Eulenberg schrieb über die Gastronomie von Schloss Burg an der Wupper: „Jedes dritte Haus in Burg ist heutzutage zu einer Wirtschaft geworden."

Die um den ehemaligen Sitz der Herren von Berg herum angesiedelten Restaurants und Cafés machten in Werbeanzeigen auf ihre Angebote aufmerksam.

Das Restaurant Artur Schumacher warb mit „Vorzügl. Küche, ausgez. Kaffee.", das Restaurant „Zum Schloßgraben" mit „Gr. Gesellschz. m. Piano u. Orch. Vorz. Kaffee. Eig. Bäck". Das ebenfalls in Burg gelegene Café „Zum alten Schloßhof" pries an: „Größ. u. vornehm. Familien-Café, 300 überdachte Sitzplätze. Vorzügl. Kaffee mit reichl. Zutaten".

Auch anderenorts pries die Gastronomie ihren Kaffee an. Das Restaurant F. Henke, unterhalb der Müngstener Brücke, warb: „Gesellschaftsz. m. Piano. Anerkannt b. Kaffee." und das Solinger Café Bristol mit „Grösstes und vornehmstes Familien-Café. Piano. Billard."
Gartencafés und Ausflugslokale, die sich beispielsweise in Kohlfurth und in der Wipperaue befanden, annoncierten wie folgt: „Gart.-Restaurant. Vorzügl. Kaffee,

prachtvoller Garten a. d. Wupper." „Herrliche Gartenanlagen, gr. Kaffee-Restauration."

Im Jahre 1928 äußerte sich der Verkehrsinspektor Kießling lobend über das Gelpetal und die dortigen „reizend gelegenen Gaststätten, die besonders ein ersehntes Ziel unserer Jugend sind, findet sie doch hier alles, was das Kinderherz begehrt; Rutschbahnen, Karussells, Kahnfahrten usw. lassen für Langeweile keinen Raum".
Bereits ein Jahr zuvor wurde über das Uelfebad in Radevormwald geschrieben: „Ganz hervorragend schön wirken die am Südhang liegenden großen Terrassen in drei Abstufungen, woselbst auch ein Wirtschaftsbetrieb stattfindet. Etwa 500 Personen haben hier bequemen Platz. Vier leicht zu handhabende Kähne dienen dem Rudersport."

Porträt von Herbert Eulenberg
Bildnachweis: Stadtarchiv Düsseldorf

Während die Eltern sich dem „Koffendrenken met allem dröm on dran" widmeten, wie man die Kaffeetafel zu jener Zeit gern zu umschreiben pflegte, beschäftigten sich die Kinder mit den Spielangeboten der Gartencafés und Ausflugslokale. Wo es solche nicht gab, spielten sie „Blinde Kuh", „Bäumchen wechsle dich" oder „Plumpssack". Vielleicht sagten sie auch Kinderreime wie den folgenden auf, der zu jener Zeit im gesamten Bergischen Land beliebt war:

Werbeanzeige „Gasthaus Zur Post"
Bildnachweis: Führer für Bergisch Gladbach und Umgegend, Köln, 1910

Werbeanzeige „Floragarten-Wipperaue"
Bildnachweis: Solingen und seine Umgebung, herausgegeben vom Verkehrs-Verein Solingen, Solingen, o. J.

„Hopp Mariännchen,
Kaffeekännchen,
Löt dat Pöppchen dangssen
Meent, et wör em Himmel gewößt,
do soß et henger der Schangssen!"

Hatten die Kinder jemanden am 1. April zum Narren gehalten, so riefen sie:

„Aprelsjeck, Aprelsjeck,
stech de Nas en'n Koffeedreck."

Trafen sich ein Mädchen und ein Junge zum ersten Rendezvous, so lautete eine Variante dieses Spruchs, den andere Heranwachsende ihnen hinterherriefen:

„Jongesjeck, Weitersjeck,
stech de Nas en'n Koffeedreck."

Aber der Kaffee war nicht nur literarisches Thema von Kinderreimen. Auch in Erzählungen des Bergischen Landes, die für erwachsene Leserinnen und Leser bestimmt waren, fand er Erwähnung. In dem Blatt „Die Heimat" vom 21. Juni 1929 erschien die Erzählung „Hinaus in die Ferne" von Bruno Jordan, in der der Autor Ida sagen lässt: „Wir fahren mem Wagen no d'r Betramsmöhl – dat heischt mem Ken-

gerwagen", seiht et Ida. „Ech hann de Bottern alt jeschmeert on ouch alt nen jruhten Pott Koffie met Melch tereits jemakt. Schön Wehder hant wer ouch, on wenn ech etzig jespölt han, dann lohten ver us ouch nit mieh lang bedenken."

Ein Jahr später wurde „Tante Jüßken hätt Jebuhrsdag" publiziert, eine Geschichte, die von der Feier zum sechzigsten Geburtstag eben dieser Tante handelt: „Met der Enladerei dat wohr jar nit suh eifach jewesen, denn de Schwöger an Schwögerschen, de Kenger on Enkel on Neihten, datt wohr alt nen janzen Tropp. On dobei kohm noch de Noberschaft on der Vürstank vam Jesangverein. On dann mooßen doch ouch de Lütt noch enjeladen werden, die de Stöhl on de Jaffeln on Metzer lennden, denn suh völl Krom für die Mann all hadden de Molls doch nit. Op die Art on Wies kohmen des Nommendaas für et Koffiedrenken en Stöck off twengtig on des Owes met den Mannslütt en Stöck off foufendressig Mann benein."

Werbeanzeige „Zum Ittertaler Volksgarten"
Bildnachweis: Führer durch Ohligs und Umgegend, o. O. u. o. J.

Das Trinken des Kaffees zum Frühstück, zum Nachmittag und manchmal auch noch nach dem Mittagsmahl, wurde in den Haushalten des Bergischen Landes beinahe zur Selbstverständlichkeit. Ein aus dem Alltag der Menschen herausgehobenes Ereignis des Genusses bildete über viele Jahrzehnte die „Bergische Kaffeetafel", deren unverzichtbares Requisit die „Dröppelmina" war.

Wie der Kaffee und vermutlich die „Dröppelmina", so kam auch der Reis aus den ostindischen Kolonien über die Niederlande ins Bergische Land. Zu Milchreisbrei verarbeitet gehört er, mit Zucker und Zimt versehen, neben Weißbrot mit Rosinen, Schwarzbrot, aus Weizenmehl gebackenen Waffeln, Quark und Butter zu jeder original „Bergischen Kaffeetafel".

Gedeckter Tisch mit Dröppelmina
Bildnachweis: Niederbergisches Museum, Wülfrath

Früher waren auch ein im Bergischen Land gebrannter Korn und die Burger Brezeln der Kaffeetafel zugehörig. Der bereits erwähnte Herbert Eulenberg, der von den zahlreichen Gaststätten in Burg an der Wupper berichtete, führte aus, wie viele Menschen er dort sah, „die, eine Riesenbrezel an bunten Bändern um den Hals gebunden, ihre Straße ziehen".

## Auf der Suche nach der verlorenen Zeit – Wo die Bergische Kaffeetafel heute noch angeboten wird

Wie der Autor bereits eingangs dieses kleinen Buches bemerkte, haben sich einstmals regionale Besonderheiten der Ernährung im Laufe des vergangenen Jahrhunderts angeglichen oder sind völlig verschwunden. Zum Beginn des 21. Jahrhunderts werden unsere Mahlzeiten zunehmend von Fertiggerichten und Speisen industrieller Zubereitung bestimmt.

In einer von den Gesetzen des Marktes bestimmten Zeit, die uns durch allerlei Belanglosigkeiten unter anderem auch vom Erlebnis des Riechens und Schmeckens ablenkt, haben wir die Tätigkeit des Geruchs- und Geschmackssinns fast ganz eingestellt und damit wohl auch einen Sinn fürs Leben verloren. Sarkastisch ließe sich formulieren, dass uns tendenziell das Essen zur bloßen organischen Funktion wird, zur Zufuhr beliebiger Dinge, die dem Körper Brennstoffe liefern.

Wer den Sinn für Geruch und Geschmack abdrängt, verliert schnell ein Gefühl für Heimat. Erinnert sei an die von Marcel Proust beschriebene Tasse Tee und das Kuchenstück, das ihm „Auf der Suche nach der verlorenen Zeit" den Weg wies:

„In der Sekunde nun, als dieser mit dem Kuchengeschmack gemischte Schluck Tee meinen Gaumen berührte, zuckte ich zusammen und war wie gebannt durch etwas Ungewöhnliches, das sich in mir vollzog. Ein unerhörtes Glücksgefühl, das ganz für sich allein bestand und dessen Grund mir unbekannt blieb, hatte mich durchströmt."

Wer von uns kann schon von einem unerhörten Glücksgefühl berichten, provoziert durch einen Bissen oder einen Schluck, der Erinnerungen an die Kindheit, die bei harmonischem Verlauf vielen als Heimat gilt, wachrief?

Wer von uns vermag sich noch vorzustellen, dass das Schmecken oder Riechen bestimmter Speisen uns eine in unbestimmter Zukunft gelegene Heimat phantasieren lässt, in der – um es mit dem Philosophen Ernst Bloch zu sagen – noch niemand war?

Nehmen Sie sich Zeit und versuchen Sie, im Kreise ihrer Familie oder anderer Ihnen lieber Menschen, bei einer „Bergischen Kaffeetafel" die vergangene oder auch die

in vager Zukunft befindliche Heimat herbeizuriechen und herbeizuschmecken.

In der dem Buch beiliegenden Broschüre sind einige Restaurants und Cafés des Bergischen Landes aufgeführt, in denen man Ihnen die „Bergische Kaffeetafel" auch in unserer Zeit noch gern serviert. Allerdings bedarf es hier und da der Vorbestellung. Wenige der genannten Gastronomiebetriebe bieten die „Bergische Kaffeetafel" nur für größere Gesellschaften an. Es empfiehlt sich also eine vorherige telefonische Anfrage im Restaurant oder Café Ihrer Wahl.

# Nachwort

Regionalgeschichtliche Betrachtungen sind solche aus der Froschperspektive, während Untersuchungen der nationalen oder gar der Weltgeschichte aus der Vogelperspektive erfolgen. Nur in der wechselseitigen Durchdringung der Erkenntnisse, die aus beiden Perspektiven jeweils gewonnen werden, kommt man der geschichtlichen Wirklichkeit nahe. Bildhaft gesprochen: Wer nur die Beschaffenheit eines Baumes analysiert, weiß nichts über die des Waldes. Nimmt man allein den Wald in den Blick, verkennt man das Wesen des einzelnen Baumes.

„Die Geschichte des Kaffees und der Kaffeetafel im Bergischen Land" ist ein Beitrag zur regionalen Kulturgeschichte, zur Geschichte des Alltags von Menschen, die sich im Zeitfluss in einem überschaubaren Raum verorten lassen: dem Bergischen Land.

Spricht der Autor von einem kulturgeschichtlichen Beitrag, so versteht er Kultur als ein System, mit dessen Hilfe die Menschen des Bergischen Landes ihr Wissen vom Leben und ihre diesbezüglichen Werthaltungen mitteilen, erhalten und fortentwickeln.

„Die Geschichte des Kaffees und der Kaffeetafel im Bergischen Land" richtet sich weniger an Historikerinnen und Historiker als an regionalgeschichtlich interessierte Laien.

Gerade der auf das Bergische Land begrenzte Bezug zur Kulturgeschichte des Alltags mag historisch allgemeingebildete Menschen aus dieser Region motivieren, sich mit dem vorliegenden Buch zu befassen.

So hat, wer heute im Bergischen Land lebt, vielleicht ein besonderes Interesse daran, zu erfahren, wie frühere Generationen es hier mit dem Konsum des Kaffees sowie dem Zelebrieren der Kaffeetafel hielten.

Der Autor dankt Christine Lutter-Link, die half, Literatur wie Bildmaterial zum Thema zu beschaffen und auch beim Korrekturlesen gute Dienste leistete. Ein weiterer Dank gilt dem RGA-Buchverlag, hier ganz besonders Carsten Schütz, in dessen Händen Koordination und Organisation des Buchprojektes lag.

Vergnügen und Erkenntnisgewinn bei der Lektüre wünscht der Autor den interessierten Leserinnen und Lesern, die mit Anregungen, Hinweisen und kritischen Anmerkungen nicht sparen mögen.